梅者如西

里奥·梅西三十岁特别纪念专辑

冯逸明 主编

北京时代华文书局

图书在版编目（CIP）数据

梅者如西 ：里奥·梅西三十岁特别纪念专辑 / 冯逸明主编. -- 北京 ：北京时代华文书局，2017.7
ISBN 978-7-5699-1704-8

Ⅰ. ①梅… Ⅱ. ①冯… Ⅲ. ①梅西一传记 Ⅳ. ① K837.835.47

中国版本图书馆 CIP 数据核字（2017）第 135888 号

梅者如西 ：里奥·梅西三十岁特别纪念专辑
MEI ZHE RU XI　LI AO MEI XI SAN SHI SUI TE BIE JI NIAN ZHUAN JI

主　　编 | 冯逸明

出 版 人 | 王训海
选题策划 | 赵　雷
责任编辑 | 张　科
特约编辑 | 晨　阳　变迁の风
装帧设计 | 牛　涛
责任印制 | 刘　银　姚　春

出版发行 | 北京时代华文书局 http://www.bjsdsj.com.cn
北京市东城区安定门外大街 136 号皇城国际大厦 A 座 8 楼
邮编：100011　电话：010-64267955　64267677　57735442
印　　刷 | 北京中科印刷有限公司　010-69590320
（如发现印装质量问题，请与印刷厂联系调换）
开　　本 | 710mm×1000mm　1/16　印　　张 | 7.5　字　　数 | 257 千字
版　　次 | 2017 年 8 月第 1 版　印　　次 | 2019 年 2 月第 4 次印刷
书　　号 | ISBN 978-7-5699-1704-8
定　　价 | 45.00 元

目 录
CONTENTS

梅者如西

里奥·梅西三十岁特别札记

文：西贝林3

他是降临绿茵的天使，却踏着魔鬼凌波的步伐，征服世界，威震四海。他驰骋云端，令诸神俯首，纵横寰宇，集群星璀璨。他是诺坎普之王，阿根廷之耀。三十年，灿若云霞的昭华，荣耀轮回，神迹绽放，他缔造传奇，成就信念。有生之年，我们为能见证如此神奇的梅西而倍感荣幸。三十年，三十而立，梅者如西，岁月静好，一切如常。我们无需为梅西30岁华诞铺垫太多华丽辞藻，因为任何华丽铺陈，对于梅西那云蒸霞蔚、气象万千的史诗生涯而言，都略显苍白无味。

在2016/2017赛季的最后一项赛事中，梅西一传一射，率领巴萨击败塞维利亚，卫冕国王杯冠军，为这个并不算成功的赛季画上了一个相对体面的句点。媒体的长枪短炮早已经聚焦到尚未开打的欧冠决赛中去了，在镁光灯稍显暗淡的国王杯赛事上，梅西享受着难得的清静，大有超脱俗世的自在从容之范儿，一如往昔。

职业生涯第30个冠军头衔，超越贝利。梅西审视着这项成就时，他的内心毫无波澜，甚至想笑。大概在梅球王心里，他对这个看似惊人的荣耀并不感冒，他甚至希望用其中的一半的冠军去换一次世界杯冠军。

无所谓，一切都无所谓。他热爱这项运动，且为之全力以赴。过去的这个赛季，我们依然可以看到他上演千里走单骑的惊世表演，依然可以目睹他在球队落后时挺身而出的力挽狂澜。当全世界都在为他和C罗谁强谁弱这个烂俗的话题争论不休时，只有心如止水的梅西自己明白——他只是想踢球，快乐地踢球。

我们何尝不是这样的想法，十二年一轮回，从2004年那个17岁的少年代表巴萨一线队正式出场开始算起，我们从这个身高将将一米七的精灵身上，看到了生命在时代进程和境遇切换中惊人的可塑性。

他曾饱受病魔折磨，11岁时被诊断出荷尔蒙缺乏，被定为侏儒。母队纽维尔老伙计和河床队都不愿意为这个前途未卜的天才支付理疗费用，最终是巴塞罗那教练库卡抛来了橄榄枝，并拯救了一代球王的命运。

梅西做梦都不会想到，12年后的今天，他会成为坐拥5座金球奖和30座冠军奖杯的殿堂级巨星。他更没有想到的是，在人才济济的巴萨俱乐部中，他会超越所有前辈，成为万众仰望的队史第一人。

西甲历史的篇章，被一个来自阿根廷的弱小身躯改写，所有人感叹梅西的能量，但殊不知这仅仅是他30岁之前取得的成就。

30岁，贝利拿到了生涯最后一个世界杯，从此退出巴西国家队，逐渐淡出主流联赛的视野；30岁，马拉多纳在那不勒斯呼风唤雨，但意大利之夏过后迅速堕落，最终泯然众人；30岁，罗纳尔多留给世人最后的高光，是德国世界杯上的两粒进球；30岁，齐达内的天外飞仙，是他第一次在欧冠决赛中斩获进球……

梅西的30岁，比之四位球王或准球王，缺少了一点世界杯舞台上的唯我独尊，但在俱乐部层面，他是旷古第一神。

根据西班牙《世界体育报》统计，自梅西出道以来，他所获得的冠军数目，是同时期对手皇马总冠军数的两倍：30座冠军奖杯（8次西甲冠军、5次国王杯冠军、4次欧冠冠军、7次西超杯冠军、3次欧洲超级杯冠军、3次世俱杯冠军），这个数字刚好是皇马（15座冠军奖杯）的2倍。

还有一个更有趣的数据，在梅西加盟球队前4年，巴塞罗那在各线赛事上颗粒无收，但此后12年，他们横扫西甲、欧冠、世俱杯，成就了三段梦幻岁月。冠军数量只是佐证梅西伟大的一部分，真正令人肃然起敬的，是梅西对于巴萨体系的完美支撑。尽管很多人曾经质疑，是小罗、哈维、伊涅斯塔成就了今天的梅西，但事实上，在时代的更迭和岁月的洗礼中，梅西始终如一的稳定和高效，才是巴萨统治力绵延至今的关键。

诸多迹象表明，30岁的梅西还不会如上述前辈那样，开始走生涯的下坡路。本赛季，梅西在联赛中打入37球，第四次加冕西甲金靴，他的进球数领先第二名的苏亚雷斯9个之多。他依然保持了高效的进球状态和门前嗅觉，而在整个赛季中，梅西还送出了9次助攻，位列联赛第六。

三十而立，梅者如西，一切如常。他还是那个万军丛中取上将首级如探囊取物的骁勇骠骑，他还是如鬼似魅闪转腾挪的精灵舞者，他还是那个谦虚淡然温润如玉的翩翩君子……不必用什么“30岁的梅西就坐在那里，深情的目光望过去，都是自己20岁时的影子”这样饱含深情的配词，来为梅西30岁的华诞献礼。

QATAR
AIRWAYS

梅分八彩

MESSI

梅　西　八　字　真　言

家

梅西八字真言 1

修身、齐家、治国、平天下。无论多么志存高远、宏图大略的王侯将相，家才是他们成功的基点与柔软的港湾，梅西显然是恋家的人。

2012 年 11 月 2 日，长子蒂亚戈出生，梅西荣升为父亲，脸上洋溢着初为人父的喜悦，梅西的兴奋之情溢于言表。2015 年 9 月 11 日，梅西第二个儿子马特奥降生，梅西缺席了巴萨与马竞的赛前训练。

为梅西诞下两位麟子的女友安东内拉可谓劳苦功高、居功至伟。梅西也决定与女友举办婚礼，2017 年 6 月 30 日在家乡罗萨里奥完婚。

梅西和安东内拉从 5 岁起便相识相伴至今，时光倒流 20 多年，他们在一起就读幼儿园和小学，见证了彼此的成长印记，这世上还有什么比这青梅竹马的爱情更幸福的吗？

三十而立，年满 30 的梅西已经是两个爱子的好父亲，一位顾家的好丈夫，在爱意满满的家庭里，这些显然比那些荣耀奖杯更为璀璨。

QATAR
AIRWAYS

梅西八字真言❷

国

天青的蓝色明快、灵动，蓝白相间的阿根廷队总会踢出绚丽奔放的足球，但骨子里却充满着蓝的忧郁。

这世上有两个梅西，一个在巴萨四次捧起欧冠奖和金球奖，被誉为世上最伟大球员；另一个则身穿蓝白间条衫，试图在世界杯和美洲杯上证明自己的价值。

2015 年、2016 年美洲杯决赛，阿根廷连续两次点球负于智铩羽而归。失冠让梅西倍感压力，而连续两次踏入同一条河的无奈，让他有种宿命的悲怆。

加上 2014 年世界杯亚军，国家队三联亚，这让志在问鼎的梅西无法释怀。对美洲杯、世界杯的冠军，梅西时刻渴望着，也许有一天，他能把俱乐部的好运带到国家队，率领潘帕斯雄鹰展翅，攫取大力神杯。

Brasil
CUP BRAZIL

耀

梅西八字真言 3

荣誉就像王者皇冠上的明珠，璀璨夺目，象征着威严与征服。

梅西几乎拿遍所有荣誉，在这个层面上，几乎无人能与之比肩。

2009 年，21 岁的梅西就完成俱乐部荣誉大满贯。生涯至今，梅西率领巴萨赢得了西甲冠军、国王杯冠军、西班牙超级杯、欧冠冠军、欧洲超级杯、世俱杯……

个人荣誉层面上，随着梅西在 2014 年收获世界杯金球奖，阿根廷球星就此囊括了作为一名职业球员能够获得的所有荣誉：金球奖、欧洲最佳球员奖、阿根廷足球先生、欧洲金靴奖、世界最佳射手奖、西甲射手王、西甲历史最佳射手……

在国家队层面上，梅西也收获了世青赛冠军、奥运会冠军两项大奖。遗憾的是，美洲杯决赛两度折戟，巴西世界杯饮恨而归，美洲杯与世界杯冠军，这是梅西荣耀殿堂里仅欠缺的两项荣誉。

梅西八字真言④

王

毫无疑问梅西是凌踏巅峰的世界王者，是诺坎普的主人。

他无所不能，不再是以前单纯的攻击手，他开始承担更多的责任，成为巴萨不可或缺的绝对领袖。通过在拉玛西亚的磨炼，梅西掌握了绝世球技，而在各大赛场的拼杀使得他精通了如何在球场掌控胜负。“小跳蚤”可以连过 5 人单骑闯关，也可以施展凌波微步戏耍对手，还拥有马拉多纳魔术般的金左脚。梅西的连续突破已经是家常便饭，他在前场传球助攻的境界也不断升华，而他关键时刻的射门得分更是击溃无数对手的利器，成为他们挥之不去的一世梦魇。

他学会了根据不同的对手改变自己的踢球方式，梅西早已不是只会低头突破的边锋，他已经变成技术全面的核心领袖。

在巴萨百年历史中，梅西不断超越前贤们的纪录，把纪录升华到新的高度，刻下属于自己的印记，空前绝后！诺坎普封王。

技

梅西八字真言 5

梅西突破无敌于天下，组织助攻样样精通，临门一脚精准刁钻，无可置疑，他是当今足坛的技术流之王。

梅西能在高速盘带突破中始终处于不断地变向与变速相结合的状态，这让对手就算是想下脚铲都难以找准节奏。

他动作非常连贯，结合球的动作非常快，拿球后动作非常细腻，同时梅西很善于在跑动中寻找机会，经常改变球的线路，在球队右边路向前推进时，他会快速变向内切，使对方防线措手不及。

此外，梅西拥有完美的足球意识，在高速带球行进中，能机警地捕捉到对方防线上的漏洞，并立刻作出攻击选择。观察梅西的跑位就如同欣赏一支飘逸、洒脱、典雅、含蓄的阿根廷探戈，多变节奏和快速步法，繁复变换，打乱防守者的步法，从而甩掉对手，完成致命一击。

QATAR AIRWAYS

Qatar Foundation

QATAR
AIRWAYS

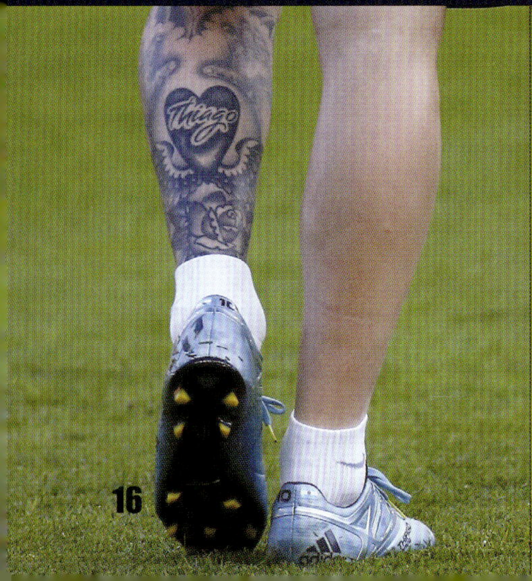
Thiago

10

文

梅西八字真言 6

梅西身上的第一处文身是献给他的母亲萨莉亚——左肩上的母亲肖像。梅西曾经在进球后用敲打肩膀的方式庆祝，将进球献给母亲萨莉亚。

儿子蒂亚戈（Thiago）的出生则更是让梅西体会到亲情的重要性，为了纪念这个特殊的日子，梅西特意赶在父亲节那天，将爱子蒂亚戈的名字以及蒂亚戈一双小手的图案文在了自己的双腿上。

左腿前侧的文身，图案是一把利剑，剑的下方是玫瑰花图形，而在剑柄的两侧是一个足球以及梅西的球衣号码“10”。

而梅西右手手臂新增的文身则是受到了巴塞罗那地标建筑圣家族大教堂的启发，这代表着巴塞罗那在他心中永恒的地位。而文身中的表寓意时间的流逝，莲花则象征着梅西的才华，其中还藏着一张南美洲的地图，以及一个仿效罗萨里奥地图形状的图案——那是梅西的出生地。

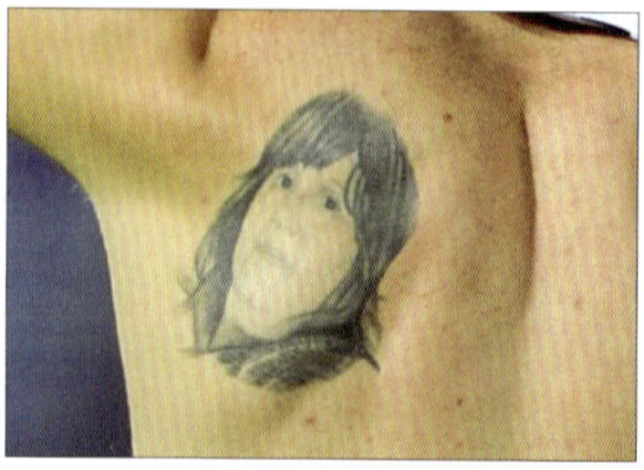

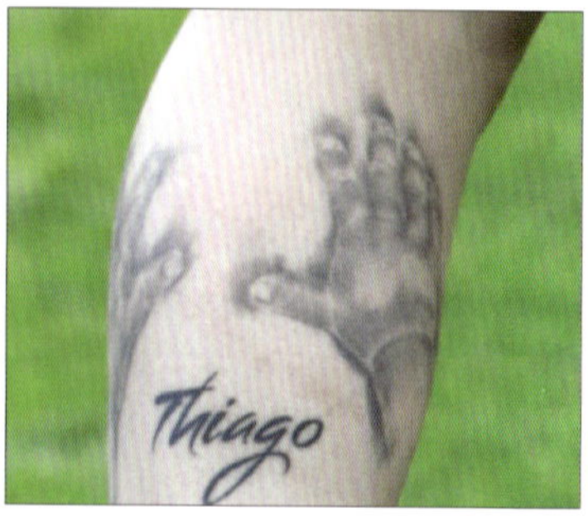

No.1: 背上的文身

梅西的第一个文身出现在他的背上，而文身的图案是母亲的肖像。梅西13岁时便离开了母亲，自那以来母亲一直在远方默默地支持他，他也没有辜负家人的期望，一步步成长为超级巨星。为了表达自己对母亲的爱，梅西也在2012年将自己的第一个文身献给了母亲。

No.2: 手臂内侧的文身

梅西手臂内侧的文身是一只如真人眼睛般大小的女性眼睛，而仔细观察就会发现那只眼睛与他的女友安东内拉的眼睛一模一样。没错，那正是梅西为自己的女友而文。

No.3: 左腿肚上的文身

梅西的左脚是足坛史上最神奇的左脚，也是他最致命的武器。在梅西的左腿正面和左腿肚上都有文身，但梅西经常更换左腿正面的文身，而左腿肚上的文身却一直没换，那是一个由一双小手印围绕而成的心形图案，图案的里面还文着一行字“Thiago”——没错，这正是梅西的大儿子蒂亚戈的名字

No.4: 手臂正面的文身

梅西手臂的正面文着他的信仰——基督耶稣。梅西小的时候由于身体发育问题差点与足球无缘，但上帝却给了他最好的东西——独一无二的天赋，梅西也视自己的天赋为一种天赐，因此更心怀感恩。

No.5: 臂肘上的文身

梅西文身最多的地方就是他的手臂了，在他的臂肘上还文着玫瑰花窗似的图案，这与艺术之城巴塞罗那的地标性建筑圣家族大教堂的玫瑰花窗一模一样。而他选择将巴塞罗那标志性的图案文在身上，正是出于对巴塞罗那的热爱，因为这是他的第二故乡，也是他的最终归属，更表明了他对巴萨矢志不渝的热爱。

红

梅西八字真言 ⑦

屹立与足坛之巅，十年不倒，加上精湛球技和辉煌荣耀，却腼腆低调得像邻家男孩，谦逊斯文而又清醇阳光，没有绯闻、没有诋毁……梅西这个偶像有着纤尘不染的纯净，无疑成为万千足球少年的优质偶像。

凭借当今足坛第一人的号召力与影响力，梅西成为阿迪达斯、百事可乐、D&G、麦当劳、微软 X-Box 游戏机、吉列剃须刀、三星等世界一线品牌的代言人。此外，梅西个人的赞助商也很多很全，从手表、鞋、饮料，甚至个人营养品牌等等。这保证了“小跳蚤”的吸金能力，2016 一年，梅西的代言总收入就高达 2300 万英镑。梅西身价之高，在国际足坛没有人能企及，而即便是放眼整个国际体坛，也鲜有匹敌。

2014 年 5 月 21 日，巴萨俱乐部宣布与梅西续约成功，阿根廷人将会留在诺坎普一直到 2018 年。

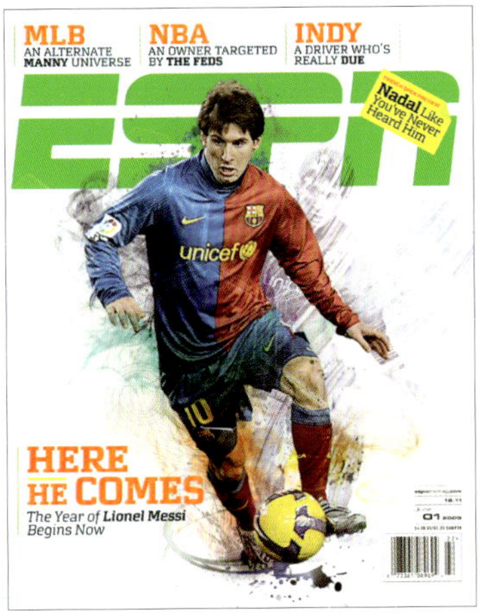

忠

梅西八字真言8

梅西生于阿根廷，自幼便显露出过人的足球天赋，但由于身体条件等原因，最终远赴重洋来到西班牙谋生，成为巴塞罗那的天才少年。可以说，巴萨给了梅西未来，梅西也越来越像一个西班牙人。然而，忠诚之人不忘本，骨子里流着阿根廷血液的里奥，在申请了西班牙国籍仅仅一个月后，却出人意料地宣布誓死效忠阿根廷国家队。在随着蓝白军团征战了四届国际大赛后，梅西依然对国家队的未来充满期待。蓝白情愫天地可鉴，而红蓝之魂日月可昭。梅西在巴萨十多年间，赢得了所有集体和个人荣誉。他深深地爱上了这座城市和这支球队，每当进球后，梅西总喜欢轻抚胸口，并亲吻巴萨队徽，以此表达对球队的忠贞不渝。不管在国家队如何遭受质疑和批评，梅西始终如一；不管有多少俱乐部重金诱惑，梅西忠守一生。这就是梅西，一个忠诚的足球运动员，他爱自己的球队，他愿意将忠诚演绎到极致……

所有的结局都已写好，所有的泪水也都已启程，却忽然忘了是怎么样的一个开始，在那个古老的不再回来的夏日。

无论我如何地去追索，年轻的你只如云影掠过，而你微笑的面容极浅极淡，逐渐隐没在日落后的群岚。

遂翻开那发黄的扉页，命运将它装订得极为拙劣，含着泪我一读再读。却不得不承认，青春是一本太仓促的书……

——席慕蓉《青春》

不知不觉，梅西已步入 30 岁的大关，自古三十而立，如今 30 岁的梅西早已功成名就，屹立于世界之巅。

从出入联盟，稚气未脱的青葱少年，到如今满面络腮胡的成熟型男，梅西几乎陪伴我们一同成长了十五年，从懵懂少年到锦绣青年，再到人生壮年，一路走来，岁月静好，往事如作，云烟聚散。虽然容颜易老，风云易变，但梅西那颗睥睨天下的王者雄心始终未变。

unicef
2006/2007
unicef
2007/2008
unicef
2008/2009
2009/2010
QATAR AIRWAYS
2014/2015
QATAR AIRWAYS
2015/2016
2016/2017

MESSI
10

Lionel Messi
梅西职业生涯全赛事数据

西甲联赛赛事数据

序号	赛季	出场	进球	助攻
1	2004/2005	7	1	0
2	2005/2006	17	6	3
3	2006/2007	26	14	2
4	2007/2008	28	10	12
5	2008/2009	31	23	11
6	2009/2010	35	34	10
7	2010/2011	33	31	18
8	2011/2012	37	50	15
9	2012/2013	32	46	12
10	2013/2014	31	28	11
11	2014/2015	38	43	18
12	2015/2016	33	26	16
13	2016/2017	34	37	9
总计		382	349	137

西班牙国王杯赛事数据

序号	赛季	出场	进球	助攻
1	2004/2005	1	0	0
2	2005/2006	2	1	0
3	2006/2007	2	2	1
4	2007/2008	3	0	0
5	2008/2009	8	6	2
6	2009/2010	3	1	0
7	2010/2011	7	7	3
8	2011/2012	7	3	5
9	2012/2013	5	4	1
10	2013/2014	6	5	3
11	2014/2015	6	5	4
12	2015/2016	5	5	3
13	2016/2017	7	5	3
总计		62	44	22

欧洲冠军联赛赛事数据

序号	赛季	出场	进球	助攻
1	2004/2005	1	0	0
2	2005/2006	6	1	1
3	2006/2007	5	1	0
4	2007/2008	9	6	1
5	2008/2009	12	9	5
6	2009/2010	11	8	0
7	2010/2011	13	12	3
8	2011/2012	11	14	5
9	2012/2013	11	8	3
10	2013/2014	7	8	0
11	2014/2015	13	10	5
12	2015/2016	7	6	1
13	2016/2017	9	11	2
总计		115	94	26

其他赛事数据

赛季	赛事	出场	进球	助攻
2006/2007	西班牙超级杯	2	0	0
	欧洲超级杯	1	0	0
2009/2010	西班牙超级杯	1	2	0
	欧洲超级杯	1	0	1
	世俱杯	2	2	0
2010/2011	西班牙超级杯	2	3	2
	欧洲超级杯	1	1	1
	世俱杯	2	2	1
2011/2012	西班牙超级杯	2	2	0
2012/2013	西班牙超级杯	2	2	0
2013/2014	西班牙超级杯	2	0	0
2015/2016	西班牙超级杯	2	1	0
	欧洲超级杯	1	2	0
2016/2017	西班牙超级杯	2	1	2
总计		21	18	7

国家队赛事数据

序号	代表球队	年份	出场	进球
1	阿根廷 U20	2004	2	3
2	阿根廷 U20	2005	16	11
3	阿根廷	2005	5	1
4	阿根廷	2006	7	2
5	阿根廷	2007	14	6
6	阿根廷 U23	2008	5	2
7	阿根廷	2008	8	2
8	阿根廷	2009	10	3
9	阿根廷	2010	10	2
10	阿根廷	2011	13	4
11	阿根廷	2012	9	12
12	阿根廷	2013	7	6
13	阿根廷	2014	14	8
14	阿根廷	2015	8	4
15	阿根廷	2016	11	8
总计			139	73

国家队进球分布

序号	代表球队	参加赛事	出场	进球
1	阿根廷	友谊赛	40	27
2	阿根廷	美洲杯	21	8
3	阿根廷	世界杯预选赛	40	17
4	阿根廷	世界杯	15	5
总计			116	57

荣誉簿

梅西三十年之团队荣耀

● 8 届西甲联赛冠军

梅西分别在 2004/2005 赛季、2005/2006 赛季、2008/2009 赛季、2009/2010 赛季、2010/2011 赛季、2012/2013 赛季、2014/2015 赛季和 2015/2016 赛季，共八次获得西甲联赛冠军。

● 5 届西班牙国王杯冠军

梅西分别在 2008/2009 赛季、2011/2012 赛季、2014/2015 赛季、2015/2016 赛季和 2016/2017 赛季，五次获得国王杯冠军。2009 年 5 月 13 日，梅西首次参加决赛并打进反超一球，最终巴萨以 4 比 1 夺冠。

● 7 届西班牙超级杯冠军

梅西分别在 2005 年、2006 年、2009 年、2010 年、2011 年、2013 年和 2016 年，七次获得西班牙超级杯冠军。梅西的第一粒决赛进球是在 2009 年，次回合对阵毕尔巴鄂竞技的比赛中。

● 4 个届欧冠联赛冠军

梅西分别在 2005/2006 赛季、2008/2009 赛季、2010/2011 赛季和 2014/2015 赛季，共四次获得欧洲冠军联赛冠军。

● 3 届欧洲超杯冠军

梅西分别在 2009 年、2011 年和 2015 年，共三次获得欧洲超杯冠军。其中梅西三场决赛打进两球，并两度获得当场最佳球员。

● 3 届世俱杯冠军

梅西分别在 2009 年、2011 年和 2015 年，共三次获得世俱杯冠军。其中梅西在三届决赛中均有进球（4 球）。

● 1 届世青赛冠军

2005 年 7 月 2 日，荷兰举办的世青赛（国际足联 U-20 世界杯）的决赛上，依靠梅西的两粒点球，阿根廷以 2 比 1 战胜尼日利亚，获得冠军，这也是阿根廷第五次夺魁。

● 1 届奥运金牌

2008 年 8 月 23 日，奥运男足决赛在北京国家体育场上演，阿根廷最终以 1 比 0 小胜老对手尼日利亚，获得奥运男足冠军。

● 1 届世界杯亚军

2014 年 7 月 13 日，世界杯决赛在里约热内卢的马拉卡纳体育场上演。最终德国凭借格策 113 分钟的进球，1 比 0 淘汰阿根廷。

● 3 届美洲杯亚军

梅西在 2007 年、2015 年和 2016 年，三次获得美洲杯亚军。2016 年 6 月 26 日，决赛面对卫冕冠军智利，最终阿根廷在点球大战中以 2 比 4 失利，梅西罚丢了队中的第一粒点球。

● 8 次入选欧洲足联年度最佳阵容

梅西曾在 2008 年、2009 年、2010 年、2011 年、2012 年、2014 年、2015 年和 2016 年，八次入选欧足联年度最佳阵容，是入围次数第二多的球员，仅次于 C 罗（11 次）。

● 4 次入选美洲杯最佳阵容

梅西参加了 2007 年、2011 年、2015 年和 2016 年四届美洲杯，均入选了最佳阵容，在四届杯赛中，梅西的 11 次助攻是美洲杯历史上次数最多的，同时他还打共打进 8 球。

● 1 次入选世界杯最佳阵容

梅西共参加三次世界杯，分别是 2006 年、2010 年和 2014 年。其中 2014 年世界杯，梅西以 4 粒进球 1 次助攻，入围最佳阵容。

8

八届西甲冠军

2004/2005 赛季　2005/2006 赛季　2008/2009 赛季　2009/2010 赛季

2010/2011 赛季　2012/2013 赛季　2014/20015 赛季　2015/2016 赛季

5

五届国王杯冠军

2008/2009 赛季　2011/2012 赛季　2014/2015 赛季　2015/2016 赛季　2016/2017 赛季

7

七届西班牙超杯冠军

2005 年　2006 年　2009 年　2010 年　2011 年　2013 年　2016 年

4

四届欧冠联赛冠军

2005/2006 赛季　2008/2009 赛季　2010/2011 赛季　2014/2015 赛季

3

三届欧超杯冠军

2009 年　2011 年　2015 年

3

三届世俱杯冠军

2009 年　2011 年　2015 年

1

一届世青赛冠军

2005 年

1

一届奥运金牌

2008 年

1

一届世界杯亚军

3

三届美洲杯亚军

荣誉簿

梅西三十年之个人殊荣

● 4 届国际足联金球奖

梅西在 2010、2011、2012、2015 年，四次获得国际足联金球奖。

● 1 届欧洲金球奖

梅西在 2009 年获得欧洲金球奖，2010 年世界足球先生奖和欧洲金球奖合并为国际足联金球奖。

● 1 届世界足球先生

1991 年是马特乌斯首位获奖者，最后一位获奖者是 2009 年的梅西。因 2010 年该奖项与欧洲金球奖合并为国际足联金球奖。

● 2 届欧洲最佳球员

梅西分别在 2011 年和 2015 年两度获得欧洲最佳球员，他也是首位两次获奖的球员。

● 10 届阿根廷足球先生

梅西创纪录地赢取了十次阿根廷足球先生，分别在 2005 年、2007 年、2008 年、2009 年、2010 年、2011 年、2012 年、2013 年、2015 年和 2016 年。获得次数第二多的是马拉多纳和里克尔梅，分别为 4 次。

● 4 届欧洲金靴

梅西分别在 2009/2010 赛季、2011/2012 赛季、2012/2013 赛季和 2016/2017 赛季，四夺欧洲金靴。梅西是首位四获此殊荣的球员。

● 4 届西甲金靴

梅西分别在 2009/2010 赛季、2011/2012 赛季、2012/2013 赛季和 2016/2017 赛季，四获西甲金靴。其中 2011/2012 赛季 37 场比赛打进 50 粒球，创造了西甲成立八十八年来单赛季联赛最高进球纪录。

● 1 届欧洲金童奖

梅西在 2005 年获得了欧洲金童奖，阿根廷在当年获得了世青赛的冠军，梅西横空出世，并获得了世青赛金球奖和金靴奖。

● 1 届世界杯金球奖

梅西获得 2014 年巴西世界杯金球奖，他以队长身份率领球队第五次打进决赛，但最终以 0 比 1 无缘冠军。

● 6 届西甲最佳球员

梅西 6 次获西甲最佳球员，分别是：2009 年、2010 年、2011 年、2012 年、2013 年和 2015 年。梅西是获得此奖项次数最多的球员。

● 7 届西甲最佳前锋

梅西 7 次获西甲最佳前锋，分别是：2009 年、2010 年、2011 年、2012 年、2013 年、2015 年和 2016 年。梅西是获得此奖项次数最多的球员。

● 2 届世界最佳射手

梅西 2 次获得由国际足球历史和统计联合会颁发的世界最佳射手奖，分别在 2012 年和 2013 年。这也是梅西最高产的两年，2011/2012 赛季 60 场进 73 球，2012/2013 赛季 50 场进 60 球。

● 1 届欧足联俱乐部年度最佳前锋

梅西在 2008/2009 赛季获得欧足联俱乐部年度最佳前锋，他也是首位获此殊荣的阿根廷球员。

● 1 届美洲杯金球奖

2015 年智利美洲杯金球奖获奖者为梅西，但梅西却拒绝领奖。

4

四届金球奖 2010 年 2011 年 2012 年 2015 年

1

一届欧洲金球奖 2009 年

1

一届世界足球先生 2009 年

2

两届欧洲最佳球员 2011 年 2015 年

10

十届阿根廷足球先生 2005 年 2007 年 2008 年 2009 年

2010 年 2011 年 2012 年 2013 年 2015 年 2016 年

6

六届西甲最佳球员

7

七届西甲最佳前锋

4

四届欧洲金靴奖 2009/2010 赛季 2011/2012 赛季 2012/2013 赛季 2016/2017 赛季

1

一届
欧洲金童奖 2005 年

4

四届西甲金靴奖 2009/2010 赛季 2011/2012 赛季 2012/2013 赛季 2016/2017 赛季

1

一届
世界杯金球奖 2014 年

纪录榜

梅西三十年之现象级

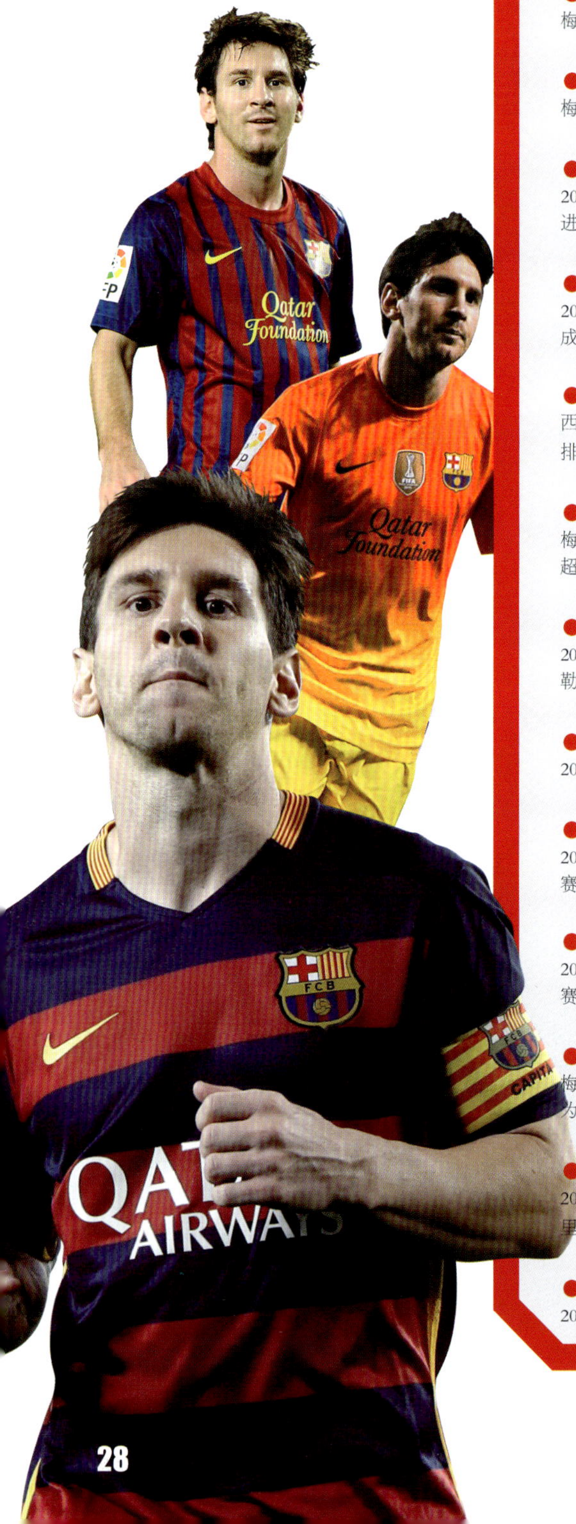

●世界足坛最高荣誉 /5

梅西共获得 5 次个人最高荣誉，1 座世界足球先生、1 座欧洲金球奖和 3 座世界金球奖。

●蝉联世界金球奖 /3

梅西在 2010 年、2011 年和 2012 年，连续三年蝉联金球奖。

●首位阿根廷世界足球先生 /1

梅西 2009 年获得世界足球先生，是首位获奖的阿根廷球员。

●最年轻阿根廷足球先生 /18

梅西在 2005 年获得阿根廷足球先生，当时只有 18 岁。

●西甲联赛进球最年轻球员 /200

2013 年 1 月 27 日，巴萨 5 比 1 大胜奥萨苏纳，梅西完成大四喜，他在 235 场联赛打进 202 球。成为西甲打进 200 球最年轻的球员（25 岁），之前的保持者是萨拉（29 岁）。

●西甲历史射手王 /253

2014 年 11 月 25 日，梅西在对阵巴列卡诺的比赛中攻入两球，西甲总进球数达到 253 球。成为西甲历史为同一支球队进球最多的球员，超越了特尔莫·萨拉（251 球）。

●西甲历史助攻王 /137

西甲于 1990 年开始这项统计，梅西至今参加了 382 场西甲比赛，送出了 137 次助攻，排名助攻榜第一位。

●自然年各项赛事进球最多 /96

梅西在 2012 年这一年中，共打进 96 球，包括代表巴萨的 84 球和 12 粒国家队进球，超越“轰炸机”盖德·穆勒 85 球的单年度个人进球数最多纪录。

●单赛季俱乐部进球最多 /73

2011/2012 赛季，梅西代表巴萨在各项赛事中共打入 73 粒进球，超越“轰炸机”盖德·穆勒 67 球的单赛季个人进球数最多纪录。

●西甲单赛季联赛进球最多 /50

2011/2012 赛季，梅西打进 50 粒联赛进球，刷新了西甲联赛单赛季进球纪录。

●西甲单赛季主场联赛进球最多 /35

2011/2012 赛季，梅西在巴萨的 19 个主场里，打进 35 粒联赛进球，创造西甲联赛单赛季主场进球纪录。

●西甲单赛季客场联赛进球最多 /24

2012/2013 赛季，梅西在巴萨的 19 个客场里，打进 24 粒联赛进球，创造西甲联赛单赛季客场进球纪录。

●诺坎普射手王 /180

梅西在巴萨主场——诺坎普球场参加了 176 场西甲比赛，共打进 180 粒联赛进球，成为名副其实的诺坎普之王。

●西甲连续进球最多场次 /21

2012/2013 赛季西甲联赛，从第 11 轮 4 比 2 战胜马洛卡开始，在接下来的 20 轮联赛里均有进球。连续 21 场比赛共打进 33 球，创造了西甲连续进球场次的个人纪录。

●单赛季联赛帽子戏法 /8

2011/2012 赛季，梅西在联赛上演过 8 次帽子戏法，创造西甲纪录（与 C 罗并列）。

●欧冠帽子戏法最多 /7

梅西是欧冠赛场上演帽子戏法最多的人，达到 7 次（与 C 罗并列）。

●最多帽子戏法 /37

梅西职业生涯共上演过 37 次帽子戏法，创造现役球员中个人帽子戏法场次最多纪录，其中西甲 26 次、欧冠 7 次、国王杯 3 次、西班牙超级杯 1 次。

●欧冠半决赛最快梅开二度 & 百场先生 /3&100

2015 年 5 月 7 日，欧冠半决赛，巴萨以 3 比 0 战胜拜仁。梅西以 3 分两球打破拉莫斯的最快梅开二度纪录（4 分钟），此役也是梅西的第 100 场欧战。

●巴萨历史射手王 /234

2012 年 3 月 21 日，西甲第 29 轮，巴萨主场对阵格兰纳达。梅西上演帽子戏法，以 234 球超塞萨尔·罗德里格斯（232 球），成为巴萨历史上的头号射手。

●欧冠独中五元 /5

2012 年 3 月 8 日，在欧冠 1/8 对阵勒沃库森，梅西独入五球，巴萨以 7 比 1 大胜对手。这是欧冠改制后首位单场独中五球的球员，追平迪斯蒂法诺的欧冠单场进球纪录。

●年度各项正式比赛全进球 /7

2015 年，梅西 7 项正式比赛全部都有进球。包括西甲联赛、西班牙国王杯、欧洲冠军联赛、美洲杯、欧洲超级杯、西班牙超级杯和世俱杯。

●德比之王 / 进球助攻两双 /23&13

梅西堪称德比之王，他生涯第一个帽子戏法就是对阵皇马完成，至今他在德比战上共打进 23 球，并有 13 次助。历史上德比进球第二多的是迪·斯蒂法诺 18 球，助攻第二多的是哈维（9 次）。

●西班牙超级杯射手王 /12

梅西参加了 6 届西班牙超级杯，打进 12 粒球，是进球最多的球员，其中梅西还保持着另一项纪录，就是连续 4 届都有进球，分别是 2009 年、2010 年、2011 年和 2012 年。

●总进球最多的巴萨球员 /507 球

梅西自 2004/2005 赛季进入巴萨一线队后，到 2016/2017 赛季结束，各项赛事为巴萨打进 507 球，是巴萨历史上进球最多的球员，其中西甲 349 球、国王杯 44 球、欧冠 94 球、西班牙超级杯 12 球、欧洲超级杯 3 球、世俱杯 5 球。

●欧冠联赛进球最多的巴萨球员 /94 球

梅西从 2004/2005 赛季首次参加欧冠联赛，到 2016/2017 赛季结束，共参加了 115 场欧冠比赛，打进 94 球，是巴萨历史上进球最多的球员。

●梅西阿根廷国家队纪录汇总

进球最多的球员：59 球（2005 年至 2017 年）
点球进球最多的球员：12 球（2005 年至 2017 年）
世界杯预选赛进球最多的球员：10 球（2005 年至 2017 年）
国家队助攻最多的球员：37 次（（2005 年至 2017 年 / 包括友谊赛）
美洲杯助攻最多的球员：11 次（2007 年至 2016 年）
直接任意球进球最多的球员：6 球（包括友谊赛）
一年内进球最多的球员：12 球（2012 年 / 与巴蒂斯图塔并列）
世界杯最年轻的进球球员：18 岁零 357 天（2006 年世界杯小组赛，对阵塞尔维亚和黑山）

FCB
QATAR
AIRWAYS

30

1987
2017

LIONEL MES

梅西赛季章回录

踱步峰巅

NO 1

梅 西 赛 季 章 回 录

冉冉新星 2003/2004

梅西的 2002/2003 赛季很辉煌，夺得两项锦标赛冠军，参赛 30 场进 36 球，比主力前锋巴斯克斯还多 5 个球，其中 3 次帽子戏法、1 次独中 4 元。当时 1.62 米的梅西是队内最矮小的球员，体重 55 公斤，与 1.91 米的皮克相差甚远。梅西唯一缺席的是西班牙全国锦标赛，因为他是外国人，但他和队友同庆夺冠。

一切都走上正轨后，梅西在拉马西亚青训营进步飞速。他的灵巧盘带、闪电突破，艺术过人、精准施射和长途奔袭。几乎让每位知道他的巴萨教练都对其赞不绝口。

当年仅 16 岁的梅西代表巴塞罗那一队出现在与波尔图的友谊赛中，首次完成一队处子秀时，没有太多人感到意外。

首秀的前一天，梅西接受《每日体育报》的专访时羞涩地说道：“我很高兴能跟随一队出征做客。当他们跟我说我已经被一队征召之时，我简直不敢相信。我没想到自己 16 岁就能踢一队。只是随队出战就足够令我兴奋不已了，要是能上场踢那么一会儿，当然就更好了。”

2003 年 11 月 16 日，这是梅西生命中必须铭记的日子。为了迎接 2004 年欧锦赛，葡超豪门波尔图的巨龙球场修建完工，而进行球场揭幕战的是主队波尔图和巴萨。

当时两队的主教练分别是里杰卡尔德和穆里尼奥。在这场友谊赛中，“黑天鹅”启用了多名替补和年轻球员，比赛第 75 分钟，一个年仅 16 岁又 145 天、名叫里奥·梅西的小伙子替补费尔南多·纳瓦罗上场，身披克鲁伊夫留下的 14 号球衣与路易斯·恩里克、哈维等球星并肩作战，完成了代表巴萨一队的首秀，梅西在 14 分钟的登场时间内创造了 2 次机会但没有取得进球。但在不经意间创造了历史：正是这个阿根廷人，在接下来的漫长时间里改变了巴萨乃至欧洲足球的历史。

那场比赛结束后，慧眼识珠的雷克萨奇自豪地说道：“我早就知道莱奥会是一位巨星，否则当年我也不会在看他试训几分钟后就下决心签下他，那是在一张餐巾纸上写好的合约。”加泰罗尼亚媒体早已迫不及待地宣称：“与波尔图的友谊赛，我们看到了一颗巴萨希望之星正在冉冉升起。”

从这一刻起，梅西揭开了生命中崭新的一页。“我希望有一天能在巴萨取得成功，并且入选阿根廷国家队。”这是 16 岁的未来球王最质朴的心声。

2003/2004

西丙联赛 出场 5/ 进球 0/ 助攻 0

NO 2

梅 西 赛 季 章 回 录

初出茅庐 2004/2005

生命中有很多次初体验，对于梅西而言，2004年就是他职业生涯“初体验”的一年。这一年里，他完成了职业生涯里诸多的“第一次”：第一次代表阿根廷队参加比赛、第一次代表巴萨在联赛中出场、第一次在诺坎普亮相以及第一次在欧冠联赛中出场。

2004年6月29日，梅西第一次代表阿根廷国青队上场，那是他第一次真正与阿根廷足球接触，比赛的对手是巴拉圭国青队，梅西下半场上场，除了打入一球外，还有无数次精彩的过人表演，最终阿根廷队8比0大胜。

2004年10月16日，是梅西毕生难忘的日子。就在这一天，在巴塞罗那联赛客场对决西班牙人的同城德比中，里杰卡尔德安排他在第83分钟替换下了在比赛中打入唯一进球的德科，阿根廷小伙由此完成了西甲联赛的处子秀。当时的梅西才17岁3个月22天。面对媒体时他说：“我尽量尝试享受比赛，没有压力！”

梅西的第一场西甲比赛恰逢阿根廷母亲节，“小跳蚤”在接受采访时说：“这是最好的礼物，我要献给母亲”。

2004年12月7日，在客场与顿涅茨克矿工的比赛中，阿根廷少年职业生涯第一次在欧洲冠军联赛中出场。“我感觉很好，有点紧张，但能够在这样的场合登场，是值得我一生铭记的事情。”赛后，初次面对媒体的梅西显得十分局促，说话也显得略微有些语无伦次。

在梅西完成诸多“第一次”的背后，有一个人不得不提，那就是当时诺坎普的国王罗纳尔迪尼奥。小罗陪伴了梅西最初的成长，场上场下都照顾着他的小弟弟；第一条牛仔裤是他带他去买的，在巴萨一队的第一个进球是他的助攻，第一个帽子戏法有两个进球源自他，第一次严重的伤病有他陪在身边一直宽慰鼓励。

后来，小罗处于低谷的时期，梅西会在进球后摆出巴西人招牌的牛角手势庆祝，把进球送给他最好的朋友，让诺坎普在小罗不在场上的情况下响起“Ronaldinho”的欢呼。

2005年5月1日，在巴萨联赛主场2比0战胜阿尔瓦赛特的比赛中，梅西第88分钟替补埃托奥出场，2分钟后，小罗在终场前送出助攻，梅西在禁区内不等球落地就凌空挑射，为巴萨将比分扩大到2比0。这粒进球为梅西的处子赛季画上了完美句号，他跳到小罗背上的一幕已经成为历史经典画面。梅西也凭借17岁10个月零7天的年纪，成为了当时巴塞罗那历史上最年轻的联赛进球者。

2005年夏天，梅西在荷兰世青赛上大放异彩让全世界记住了他。6场比赛打进6球，他不仅带领阿根廷问鼎冠军，还拿到金靴奖和最佳球员奖。

“我每天都在想，自己有多么幸运。我的生命，就是一个梦。”这是梅西的自我评价。但对于球迷来说，能够见证梅西的足球生涯，何尝不是一种幸运，不是一个梦！

2004/2005 数据

西甲联赛 出场 7/ 进球 1/ 助攻 2

西班牙国王杯 出场 1/ 进球 0/ 助攻 0

欧冠联赛 出场 1/ 进球 0/ 助攻 0

2004/2005 荣耀

世青赛金球奖 / 世青赛金靴奖

西甲联赛冠军 / 西班牙超级杯冠军

世青赛冠军（2005）

LIONEL MESSI
2004/2005
荣耀经典闪回
里奥·梅西

1 联赛首秀

在 2004 年 10 月 16 日，巴萨和西班牙人的比赛中，梅西完成了自己的西甲首秀。在比赛还剩 8 分钟的时候，在当时，梅西 17 岁 3 个月 22 天的年龄，也让跳蚤成为了代表巴萨在联赛中出场的第二年轻球员（第一位是巴萨菲律宾裔传奇前锋阿尔坎塔拉，15 岁便代表巴萨完成联赛首秀），这是一代球王梦的开始。

2 巴萨处子球

2004/2005 赛季，梅西虽然刚刚从 B 队升入一队，但是还没有在西班牙足协注册的号码。但在 2005 年 5 月 2 日，身披 30 号球衣的梅西在主场面对阿尔瓦塞特的比赛中，第 88 分钟替补出场不久，就接罗纳尔迪尼奥中场挑传，禁区左肋挑射打进 1 球锁定了胜局，最终帮助巴萨主场 2 比 0 击败对手，成为当时为巴萨攻入联赛进球的最年轻的球员（17 岁 10 个月零 7 天）。

3 世青赛冠军

2005 年 6 月，梅西代表阿根廷青年队出战第十五届荷兰世青赛，在 2 比 1 击败尼日利亚决赛中，他点球梅开二度，率领阿根廷赢得世青赛冠军。

4 世青赛金球 & 金靴奖

梅西在 2005 年荷兰举办的国际足联 U20 世界杯足球赛上一战成名，拿到该届金球奖，并出场 6 场打入 6 球夺得金靴奖，当时身披阿根廷队 18 号队服的梅西也一举成为世青赛当之无愧的“国王”。

NO 3

梅 西 赛 季 章 回 录

崭露头角 2005/2006

2005/2006 赛季，梅西被正式提拔入一线队，赛季开始前他与巴萨签下了首份职业合同。上赛季小罗率领巴萨夺取阔别五年之久的联赛冠军，此时的小罗已是红蓝军团的绝对核心。而他们最大的死敌——皇马，正在经历“银河战舰一代”解体的阵痛。

2005 年 11 月 3 日，欧冠小组赛第 4 轮小组赛，巴萨在主场 5 比 0 横扫帕纳辛纳科斯，梅西首发出场，比赛进行到第 34 分钟，帕纳辛纳科斯队的两名后卫在解围中出现了失误，梅西机敏地得到皮球，面对出击的门将，一个轻巧的左脚挑射，皮球越过对方门将的身上，打入欧冠处子球。

1/8 决赛对切尔西，梅西两回合都以首发身份出场。首回合斯坦福桥之战，梅西造成德尔·奥尔诺的红牌，引发了穆里尼奥与巴萨之间的骂战。次回合仅踢了 25 分钟，梅西便因肌肉拉伤被替换下场，并因此缺席了本赛季剩余全部赛事，包括在巴黎举行的欧冠决赛。

2006 年欧冠决赛中，梅西虽然已经伤愈，但却没能进入比赛名单。在法兰西体育场瓢泼大雨中，“红蓝军团”在落后一球的情况下，凭借埃托奥和贝莱蒂在最后 14 分钟的两粒进球完成逆转，历史上第二次捧起欧洲冠军杯。

庆祝的人群中，梅西五味杂陈，两年后，阿根廷人依旧为此感到懊恼：“真的，我至今仍为那场决赛耿耿于怀，就为了这个原因，我希望能够为巴萨再次赢得一个欧冠冠军，而我则参加了所有的比赛。”

这个赛季，梅西在西甲出场 17 次，攻入 6 球、2 次助攻，在欧冠出场 6 次，1 个进球、2 次助攻，国王杯出场 2 次，攻入 1 球、2 次助攻，全年的数据是 25 战 8 球 6 助攻，跟随球队赢得了西甲、欧冠奖杯，19 岁的梅西尝到了欧冠之巅的滋味，虽然在他看来，这个冠军更多的是来源于队友的努力。

2005 年 8 月 17 日，梅西首次代表成年国家队出场，那是在匈牙利布达佩斯的普斯卡什纪念赛。第 65 分钟，梅西替换马克西·洛佩斯上场，40 秒后，身穿 18 号球衣的梅西盘过翁查克，对手拉扯他的球衣，梅西抬起胳膊摆脱，正好打在翁查克脸上。德国主裁默克立即掏出红牌，梅西的国家队首秀就这么结束了。无论教练和队友怎么劝，都无法止住梅西的眼泪。好在球迷和国家队都对梅西持宽容态度，两天后他再次获得了入选国家队的机会。世界杯预选赛阿根廷对巴拉圭，梅西上演了自己在国家队正式比赛中的处子秀，并有着不错的表演。对于这场比赛，梅西赛后称“这才是处子秀，因为第一次有点短”。

2006 年 6 月 17 日，小组赛第 2 场打塞黑，梅西第 74 分钟替换马克西·罗德里格斯出场，完成了梦想。但在第 3 场打荷兰时，首发的梅西表现苍白，给了佩克尔曼让梅西回板凳的借口。1/8 决赛对墨西哥，梅西在 1 比 1 时换下萨维奥拉，他给马克西的助攻让阿根廷避免了加时。但 1/4 决赛对东道主德国，佩克尔曼恰好在对手扳平前把最后的换人名额给了中锋克鲁斯，阿根廷点球出局。赛后，有人批评梅西不关心阿根廷的失败。但梅西说：“如果你当时在更衣室，就知道我是什么感受。”

梅西在回顾自己的 2006 年时说道：“这是非常有趣的一年，有太多的起起伏伏，曾经有许多快乐的瞬间，但同时也有令人沮丧的时候，两次严重的伤病让我有太多的时间被排除在球场之外。”

2005/2006 数据

西甲联赛 出场 17/ 进球 6/ 助攻 2

西班牙国王杯 出场 2/ 进球 1/ 助攻 2

欧冠联赛 出场 6/ 进球 1/ 助攻 2

2005/2006 荣耀

欧洲金童奖（2005）

阿根廷年度最佳球员奖（2005）

西甲联赛冠军 / 西班牙超级杯冠军

欧冠联赛冠军

1 欧冠首球

2005年11月4日，欧冠联赛小组赛，巴萨对阵潘纳辛耐科斯的比赛在诺坎普进行。开场仅20秒，巴萨凭借范博梅尔的进球以1比0领先，这也是巴萨有史以来在欧冠上打进的最快入球。第34分钟，梅西接队友传球，在禁区内挑过对方门将，将球踢进空门，整个动作一气呵成，巴萨取得3比0的领先优势。此球也是梅西职业生涯的第一个欧冠入球。

2 欧洲金童奖

2005年底，在象征着年轻新秀“成人仪式”的金童奖评选中，梅西以225分的绝对优势力压鲁尼（127分）当选，这是梅西出道以来获得的首个年度个人奖项。“这真是梦幻般的一年。”从《都灵体育报》国际足球编辑弗朗基手中接过奖杯，梅西脸上仍是羞涩的笑容。

3 世界杯首秀

2006年德国世界杯，梅西第一次随队出征，但并未完全受到重用，首战科特迪瓦他未获出场机会，次战塞黑梅西在第74分钟替补马克西·罗德里格斯登场，18岁零357天的梅西成为代表阿根廷在世界杯登场的最年轻球员。

4 最年轻进球者

2006年世界杯，在阿根廷6比0击败塞黑队的比赛中，梅西下半场替补出场并打入一球。如果精确到天，梅西的年龄为18岁零357天，是世界杯历史上进球最年轻的阿根廷球员。

LIONEL MESSI
2005/2006
荣耀经典闪回
里奥·梅西

NO 4

梅 西 赛 季 章 回 录

重现经典 2006/2007

在 2006 年率领巴萨拿到欧冠后，小罗达到了自己职业生涯最高峰。然而，这也可以算是巴西球星职业生涯的分水岭，此后他状态有所下滑，逐渐走下了神坛。与此同时，19 岁的梅西开始书写自己的传奇生涯。

梅西的突破简单至极，也就是所谓的无招胜有招。一招急速小碎步，闪电般的速度和狭小空间的转身连续过人，就这样，成就了一个所有后卫听到都不由得颤抖的新一代球王。这位 2005 年世青赛的"金球奖"和"金靴奖"双料得主拥有令人惊讶的成长速度，在群星璀璨的巴萨阵营中，年轻的梅西逐渐坐稳了主力位置。

2006/2007 赛季，梅西最闪耀的表现当属与皇马的世纪大战，皇马在诺坎普一次次领先，眼看到手的 3 分，被梅西的帽子戏法变成 1 分。第 11 分钟埃托奥直传，梅西突入禁区右肋左脚推射远角入网。第 28 分钟小罗禁区左侧突破射门被卡西利亚斯扑出，梅西补射空门命中。第 91 分钟小罗妙传，梅西强行突破埃尔格拉，禁区左肋斜射，完成个人在巴萨的首个帽子戏法。

速度、灵活性、进球，独一无二的帽子戏法。三次落后，三次扳平，梅西的超群能力征服了包括皇马主帅卡佩罗在内的所有人。正是在这一夜过后，人们开始将球王的称号和这个 19 岁的少年联系在一起!

2017 年 4 月 19 日，国王杯半决赛客场对赫塔菲。这场比赛结束之后，世界上所有的足球媒体都在谈论一个人，一个进球。没错，梅西的连过五人。梅西在接到队友传球的瞬间既灵巧的躲过了对方第一名防守球员的铲球，然后左脚一拨又晃过第二人，在三个赫塔菲球员的追击下带球前进。他来到禁区弧附近后又连续躲过三个防守球员的逼抢后突入禁区单刀门将。人们已经不再拿现役的球员来和梅西做对比，马拉多纳在世界杯上的世纪进球重新被人们找了出来，两人的进球如此相像，让人们恍如隔世。

《每日体育报》如此形容："梅西的进球和毕加索的画一样充满想象力和创造力，但又比毕加索的画更通俗易懂。"里杰卡尔德也禁不住"王婆卖瓜"："梅西的进球就像是件艺术品。"

如果这球还不足以让冷静的你惊讶的话，西甲倒数第 2 轮，在巴塞罗那德比中，当巴萨主场落后给同城敌手西班牙人，梅西近乎完全翻版马拉多纳"上帝之手"的一个进球，让巴萨扭转局势。和 1986 年马拉多纳一样，后来梅西同样再进一球，险些让巴萨反超了皇马。

"这不就是马拉多纳吗？"尽管梅西赛后否认自己的手球是模仿老马球王，但人们还是不禁要怀疑，他是不是阿根廷人动用马拉多纳基因制造的复制人。

然而 2006/2007 赛季笑到最后的是皇马，带着西甲和欧冠双料卫冕冠军光环的巴萨一无所获。最后一场比赛梅开二度的梅西被提前换下，经历了四个月伤痛的折磨，复出后的"小跳蚤"用一连串的精彩表现成为西甲最闪亮的明星。

同年委内瑞拉举行的美洲杯，球迷对梅西是疯狂的。没有保安，梅西寸步难行，在场上他还没碰球，人们就开始欢呼，甚至他失误时也是一样。打巴拉圭梅西没首发，但才踢了不到 10 分钟，场内就爆发要求他上场的喊声。在拉拉球场，梅西疲惫地走回更衣室，一个女孩从天而降。梅西见那女孩准备从看台上跳下，急忙大喊："停下，你要干什么？"话还没说完，女孩就跳了下来，幸好是双脚落地。在保安把她拖走前，她拥抱了梅西并给了他两个吻。

对巴西的决赛是复仇之战，为了 2005 年联合会杯 1 比 4 惨败，为了在温布利 0 比 3 的惨败，为了 2004 年美洲杯的失利。但一支磕磕绊绊杀进决赛的巴西，却以 3 比 0 横扫阿根廷。梅西摘下布拉特挂在他脖子上的银牌，虽然被评选为美洲杯最佳新人，但又有什么用?

2006/2007 数据

西甲联赛 出场 26/ 进球 14/ 助攻 2
西班牙国王杯 出场 2/ 进球 2/ 助攻 1
西班牙超级杯 出场 2/ 进球 0/ 助攻 1
欧冠联赛 出场 5/ 进球 1/ 助攻 0
欧洲超级杯 出场 1/ 进球 0/ 助攻 0

2006/2007

阿根廷年度最佳球员奖（2007）
美洲杯最佳新秀（2007）
西班牙超级杯冠军
美洲杯亚军（2007）

1
首次戴帽

2007年3月10日，西甲联赛上演国家德比，巴萨坐镇主场迎来与皇家马德里的第232次国家德比大战，本场比赛皇马曾三度领先，却被巴萨顽强地三次扳平比分，只因为——梅西。

第11分钟埃托奥直传，梅西突入禁区右肋左脚推射远角入网。第28分钟小罗禁区左侧突破射门被卡西利亚斯扑出，梅西补射空门命中。补时阶段，第91分钟小罗妙传，梅西强行突破埃尔格拉，禁区左肋斜射破门，独中三元，完成个人在巴萨的首个帽子戏法。凭借一己之力，率领巴萨主场3比3战平皇马。正是在这一夜过后，人们开始将球王的称号和这个19岁的少年联系在一起。

2
连过六人

2007年4月19日，西班牙国王杯半决赛首回合，巴塞罗那主场5比2大胜赫塔菲队，梅西梅开二度。第31分钟，他后场拿球，带球一路狂奔连续过掉对方6名防守队员，最后晃过门将打空门得手。这粒进球几乎复制了马拉多纳的神迹，后者在1986年世界杯上演了连过5人单骑夺关的好戏。

LIONEL MESSI
2006/2007
荣耀经典闪回
里奥·梅西

NO 5

梅西赛季章回录

孤胆英雄 2007/2008

在诺坎普天王小罗逐渐陨落的同时，20 岁的梅西迅速成长，逐渐接过了巴西人的衣钵扛起了球队的进攻大旗。2007 年底金球奖评选中，梅西以 255 分获铜球，20 岁的梅西第一次进入金球奖前三，此后十年，阿根廷人从未跌出三甲。

2007/2008 赛季，梅西出场 40 次打进 16 球，一个可喜的变化是，"小跳蚤"在欧冠赛场上开始展露光芒，打进 6 球。小组赛首战，巴萨 3 球完胜里昂，梅西第 82 分钟接伊涅斯塔传球推射得手，替补席上小罗和里杰卡尔德拍掌庆祝，似乎预示着一个新时代的来临。

欧冠客场对阵斯图加特，梅西第 66 分扫射破门，为红蓝军团锁定胜局；2007 年 11 月 8 日，小组赛第 4 轮，巴塞罗那主场 2 比 0 轻松战胜格拉斯哥流浪者队，梅西第 43 分钟禁区内的破门锁定胜局；客战里昂，梅西利用自己创造的点球助球队 2 比 1 再次领先，尽管儒尼尼奥在第 78 分钟同样利用点球将比分扳平为 2 比 2，但红蓝军团仍以 11 分小组头名提前一轮晋级 16 强。

1/8 决赛首回合，红蓝军团北上苏格兰格拉斯哥挑战凯尔特人，两度落后两度扳平。第 16 分钟，凯尔特人首开纪录，第 18 分钟，巴萨扳平比分，梅西同德科右侧禁区角上巧妙踢墙配合，葡萄牙中场分给切入禁区肋部的梅西，阿根廷人用右脚挑射，越过门将博鲁茨头顶吊入球门上角，1 比 1。第 37 分钟，凯尔特人再度领先。下半场开始不久，亨利扳平比分。关键时刻方显英雄本色，第 80 分钟，梅西左脚捅射球门左下角入网，3 比 2！红蓝军团艰难地拿到 3 分。

2008 年 4 月 24 日，欧冠半决赛首回合较量。梅西在大战前勉强复出，队医保守估计是无法应付同曼联的全场比赛。值得一提的是，这是当今世界足坛绝代双骄——梅西和 C 罗的第一次对话。梅西因为伤病状态平平踢了 62 分钟就被换下，比赛以 0 比 0 收场。

第二回合移师老特拉福德最后决战。斯科尔斯一脚大力远射打入了绝对意义上的死角，守门员根本没法扑，巴萨一球落后。下半场梅西在本方一次战术角球中，面对斯科尔斯上演了其职业生涯经典的一次过人，生姜头完全如一个木鸡一般没有任何反应，这次过人是老特拉福德整场比赛中唯一一次在巴萨进攻时发出全场尖叫。

然而，这样精彩的镜头不足以改变红蓝军团的命运。随着亨利的近距离头球顶向范德萨怀中，这轮半决赛的悬念也正式宣告揭晓，曼联总比分 1 比 0，闯入决赛并最终问鼎。

更让他们难堪的是，7 天后，联赛倒数第 3 轮，巴萨前往伯纳乌，此时皇马已经提前夺冠，比赛开始前，里杰卡尔德的球队尴尬地站在球员通道口，队长普约尔带头鼓掌欢迎冠军队入场。在皇马一百多年的历史中，从来没有接受过巴萨这样的礼节。

随之而来是 1 比 4 的惨败，让那个夜晚成为巴萨队史上不堪回首的一页。

仅仅 24 小时候，巴萨主席拉波尔塔宣布，里杰卡尔德将在赛季末卸任，取而代之的是二队主帅瓜迪奥拉。也是在那个夏天，德科被俱乐部以 1100 万欧元的价格甩卖给切尔西，小罗以 2100 万欧元的身价被卖到米兰城。

同年夏天，巴萨和阿根廷足协为是否允许梅西参加 2008 年北京奥运会争得不可开交，梅西渴望参加："我希望巴萨能理解，为阿根廷出战奥运会是我一生的梦想。"新走马上任的主帅瓜迪奥拉最终说服俱乐部放人。

北京奥运会上，实力超群的阿根廷在半决赛以 3 比 0 大胜巴西，算是报了一年之前失利的一箭之仇。决赛对阵尼日利亚，梅西助攻迪玛利亚打进唯一一粒进球，帮助阿根廷获得男足金牌。6 场比赛，梅西完成 2 个进球、5 次助攻，除了小组赛第三场轮休，梅西参与了阿根廷队的每个进球，他也毫无悬念地入选了当届奥运会足球比赛的最佳阵容。

2007/2008 数据

西甲联赛 出场 28/ 进球 10/ 助攻 15

西班牙国王杯 出场 3/ 进球 0/ 助攻 0

欧冠联赛 出场 9/ 进球 6/ 助攻 2

2007/2008 荣耀

奥运会男足金牌

阿根廷年度最佳球员奖（2008）

1 吊射如虹

2007年7月12日，美洲杯半决赛，阿根廷对阵墨西哥，以1比0结束上半场。下半场第61分钟，特维斯中路将球分到右侧空档，梅西在门前13米处左脚巧妙吊射越过门将，球坠入球门远角，2比0！这粒进球脚法轻盈、预判准确堪称经典。最终阿根廷以3比0痛宰墨西哥杀入美洲杯决赛。本场也是梅西在国家队的成名作，依靠着出色的发挥，梅西逐渐奠定了自己的核心地位。

2 奥运决胜

2008年8月23日，北京奥运会阿根廷对尼日利亚的足球决赛，面对非洲雄鹰的顽强防守，阿根廷迟迟未能攻破对手球门。第55分钟，梅西后场左脚长距离直传，迪马利亚禁区轻松挑射破门，凭借此球，阿根廷最终以1比0战胜尼日利亚，获得了北京奥运会男足冠军。梅西在危急时刻用灵光一现的助攻，带领阿根廷登顶成功。

3 夺金之旅

2008年北京奥运会，作为适龄球员，梅西毫无疑问地入选阿根廷国奥队名单。巴萨曾拒绝梅西参赛，但由于梅西的坚决，在瓜迪奥拉斡旋下，最终如愿出现在奥运赛场上。在决赛第58分钟，助攻队友迪马利亚打入全场唯一进球，成功摘得奥运男足金牌。

LIONEL MESSI
2007/2008
荣耀经典闪回
里奥·梅西
adidas

NO 6

梅西赛季章回录

新王上位 2008/2009

2008/2009赛季，梅西接过小罗留下的10号战袍，成为诺坎普的新国王。这个赛季追随巴萨的球迷们都是最幸福的，因为在几十年后，他们将充满自豪地对后辈们说："我们见证了球王的诞生。"

联赛中，巴萨主客场双杀死敌皇马，梅西攻入3球。首回合雨战，梅西精妙挑射戏耍卡西，诺坎普十万多名球迷随之陷入疯狂，巴萨完胜皇马。2009年5月3日，国家德比第二回合在伯纳乌打响，尽管伊瓜因为皇马先拔头筹，但哈维的4次助攻使得亨利和梅西双双梅开二度，普约尔和皮克各入一球。拉莫斯为皇马打入一球。

这是国家德比在联赛中49年来的最大单场比分，也是15年来的最大单场分差，这也是国家德比在联赛中的最多做客单场入球。同时也是巴萨自1997/1998赛季以来，首度在联赛中双杀皇马。此战过后，巴萨将领先优势扩大至7分，提前锁定冠军奖杯。

国王杯对马竞，梅西上演帽子戏法，卡尔德隆球场也被"小跳蚤"的表演征服，为他送上掌声。决赛在梅斯塔利亚上演，托奎罗为毕尔巴鄂竞技首开纪录，图雷长途奔袭扳平比分，梅西在下半场传射建功，博扬和哈维各自打入一球，最终巴萨以4比1狂胜毕尔巴鄂竞技，时隔11年后再次问鼎冠军，俱乐部历史上第25次称霸国王杯。

2008年10月2日，欧冠联赛小组赛第2轮，在乌克兰的奥林匹克大球场，矿工中场伊尔西尼奥在半场结束前打入一球，替补出场的梅西力挽狂澜，他先是在第87分钟利用对方失误打入扳平进球，随后又在伤停补时的最后一刻，接哈维传球打入反超的进球，最终巴萨在客场2比1逆转击败矿工。此战过后，梅西真正宣告了他在这支球队中的核心地位。

2009年2月25日，欧冠1/8决赛首回合，巴萨客场1比1战平里昂，算上联赛，红蓝军团连续三场比赛未尝胜绩。两周后移师诺坎普球场，亨利2分钟内梅开二度，巴萨取得梦幻开局。巴萨第40分钟几近锁定胜局，梅西右路连过格罗索和德尔加多后同禁区右侧的埃托奥踢墙配合，最后阿根廷人在12.8米处左脚劲射左下角入网，这是阿根廷人在那个赛季的第29粒入球，其中7场欧冠打入6球。最终，巴萨用一场5比2的大胜挺进八强。

2009年4月9日，1/4决赛首回合，巴萨主场4比0大胜拜仁慕尼黑，终结对手当赛季欧冠不败战绩，克林斯曼的球队在巴萨面前溃不成军。梅西梅开二度，当赛季个人欧冠进球增加到8个，而且还被漏判了一个点球。为了给爱徒抗议，瓜迪奥拉甚至被罚上看台。一周后，巴萨客场1比1战平对手，总比分5比1晋级四强。

半决赛做客斯坦福桥，巴萨在第9分钟就陷入被动，兰帕德传球被挡，埃辛禁区前左脚凌空世界波打在横梁下沿弹进大门。雪上加霜的是，阿比达尔第66分钟拉倒阿内尔卡被红牌罚下。奇迹直到补时第3分钟才出现，梅西横传助攻伊涅斯塔禁区前打进一记漂亮的劲射绝杀，巴萨最终依靠客场进球优势淘汰切尔西，与曼联会师决赛。

2009年5月28日，罗马奥林匹克球场，万众瞩目的欧冠决赛打响。埃托奥的进球帮助巴萨打破僵局，梅西则为巴萨锁定胜局。在曼联的高大防线身边，1.69米的梅西却用一记极为罕见的头球吊射攻破了范德萨的十指关，21岁零337天的他成为欧冠决赛历史上进球年龄最小的球员。巴萨凭借这场胜利成为西班牙足球历史上第一支在一个赛季同时夺得西甲、国王杯和欧冠"三冠王"的球队，梅西51场打入38球，欧冠12场打入9球，此时人们开始意识到梅西将向劳尔的欧冠射手王位置发起冲击。

同年8月的西班牙超级杯和欧洲超级杯，巴萨分别战胜毕尔巴鄂竞技和顿涅茨克矿工，再夺两冠。

西班牙超级杯次回合，梅西在第50分钟和第67分钟梅开二度，博扬又在第72分钟射空门得分，最终巴萨以3比0击败毕尔巴鄂竞技，并以两回合总比分5比1夺得西班牙超级杯。欧洲超级杯上，梅西在加时赛下半场助攻佩德罗绝杀，1比0，巴萨历史上第三次捧起欧洲超级杯。

2008/2009 数据

西甲联赛 出场 31/ 进球 23/ 助攻 13

西班牙国王杯 出场 8/ 进球 6/ 助攻 1

欧冠联赛 出场 12/ 进球 9/ 助攻 5

2008/2009 荣耀

欧洲俱乐部最佳前锋 / 欧洲俱乐部最佳球员 / 西甲最佳球员 / 西甲最佳前锋 / 欧冠最佳射手 / 国王杯最佳射手

世俱杯金球奖

阿根廷年度最佳球员奖（2009）

西甲联赛冠军 / 西班牙国王杯冠军

欧冠联赛冠军

1 首夺国王杯

2009 年 5 月 14 日，巴塞罗那以 4 比 1 击败毕尔巴鄂竞技，夺取西班牙国王杯冠军。这也是梅西首次夺得此项荣誉，他本场一次助攻、一次进球，表现抢眼。

2 血洗皇马

2009 年 5 月 3 日，巴塞罗那做客伯纳乌，挑战皇马。此战也是西班牙甲级联赛的冠军争夺战。开场双方大打对攻，仅 30 分钟双方便联袂贡献 3 个入球。第 35 分钟哈维前场抢断拉迪亚拉脚下球，梅西禁区右侧左脚外脚背单刀低射远角破门，将比分扩大为 3 比 1！第 74 分钟哈维禁区前原地转身护球后直传，梅西禁区右侧反越位后单刀推射破门，帮助球队以 5 比 2 领先 3 球，最终在这场焦点战役中，巴萨客场 6 比 2 血洗皇马。

这不仅是国家德比 49 年来的最大单场比分，也是 15 年来的最大单场分差。此役，巴萨不但终结了皇马的 18 轮不败，还将积分榜的领先优势扩大至 7 分，基本锁定了冠军的归属。

3 头槌登峰

2009 年 5 月 28 日，曼联和巴塞罗那的欧冠决赛在罗马奥林匹克球场展开。凭借着猎豹埃托奥的进球，巴萨以 1 比 0 领先结束上半场。下半场曼联开展猛攻，第 70 分钟，哈维在右路送出一脚落点绝佳的斜传到后点，无人盯防的梅西跑动中后仰头球攻门，皮球绕过范德萨飞入远角，2 比 0，梅西又一次在关键时刻立功。在这场比赛中，他打进了一粒精彩绝伦的头球，而且是他并不擅长的技术，此球不仅扑灭了曼联的反扑气焰，而且助巴萨锁定胜局。梅西也带领球队夺得俱乐部历史上第三座欧冠冠军，并完成西班牙足球史上第一个三冠王伟业。

LIONEL MESSI
2008/2009
荣耀经典闪回
里奥·梅西

4

欧冠金靴

2008/2009 赛季冠军联赛，梅西率领巴萨夺得欧洲冠军联赛冠军，他在参加的 12 场比赛共打进 9 球，获得金靴奖。

5

西班牙超级杯

2009 年 8 月 24 日巴萨 3 比 0 击败毕尔巴鄂竞技，两回合 5 比 1 夺取西班牙超级杯冠军（梅西此役贡献两球）。

6

三冠定伟业

2009 年 5 月 28 日欧冠决赛，巴萨在永恒之城罗马 2 比 0 击败曼联，夺得俱乐部历史上第三座欧冠冠军，并由此完成了西班牙足球史上第一个真正意义上的三冠王伟业（西甲冠军、国王杯冠军和欧冠冠军）。比赛第 70 分钟，梅西接哈维传中，巧妙的头球吊射球门右上角，曼联门神范德萨望球兴叹，巴萨 2 比 0 锁定胜局，时隔三年后再夺欧冠冠军！2006 年，巴萨曾在欧冠决赛中击败阿森纳捧杯，但彼时梅西因伤缺阵，没有出现在决赛赛场，这是他作为巴萨主力赢得的第一座真正意义上的大耳朵杯，凭借如此优异的表现，他当之无愧地成为该届欧冠最佳球员，并为年终的“双料先生”获奖做足了铺垫！

NO 7

梅西赛季章回录

首夺金球 2009/2010

2009/2010赛季，巴萨以31胜6平1负，积99分的历史最佳战绩夺冠，同时也是俱乐部历史上获得的第20座西甲冠军奖杯。对于梅西而言，过去的一个赛季是收获的一年。巴萨天王以34球获得了西甲最佳射手以及欧洲金靴奖，不但拿到了四个冠军奖杯，同时也在各大足坛颁奖典礼上叱咤风云，他成了金球奖和世界足球先生的双料王者。

梅西的34个进球中包括3个帽子戏法，分别发生在客场4比2击败萨拉戈萨，主场3比0击败瓦伦西亚以及客场5比0击败特内里费的比赛中，其中对萨拉戈萨与对瓦伦西亚更是连续两轮上演帽子戏法，就连马德里媒体都不得不为梅西送上最衷心的赞美："这个小个子就是天使，来自我们只在梦里见过的国度。"

2009年11月30日，巴萨做客伯纳乌挑战皇马。"巴萨？后视镜中才能看到他们。"卡西利亚斯赛前的挑衅，却让他成了加泰媒体嘲笑多时的笑柄。伊布在下半时为六冠王攻入了全场唯一一个进球。2010年4月的第二回合较量，此役前双方在积分榜上同分，赢下国家德比的球队就有极大夺冠可能。皇马在比赛中踢得支离破碎，梅西职业生涯第7次让卡西利亚斯从球网中捡球，巴萨历史上第一次连续两个赛季双杀皇马。

对马竞，对瓦伦西亚，对塞维利亚，对比利亚雷尔，梅西都有得分纪录，在他看来，对手并没有强弱之分，他所要完成的任务都是一样的，那就是将皮球送入球门。

越是在关键时刻，梅西越能体现自己的价值，在不容有失的最后4轮联赛中，梅西场场破门共打进7球，帮助巴萨取得4连胜，顺利拿到99个积分，让皇马创纪录的96分毫无意义。

算上欧冠联赛、国王杯、两大超级杯以及世俱杯，那么梅西该赛季总进球达到了47球，超越了2007/2008赛季C罗的42球纪录，再一次追平了1996/1997赛季的罗纳尔多。但事实上，梅西进球的含金量是要高于当年的罗纳尔多的，在那个赛季，尽管打进了47球，但"外星人"只帮助巴萨赢得了国王杯冠军与欧洲优胜者杯冠军，梅西收获了4座奖杯，分别是西班牙超级杯，欧洲超级杯，世俱杯以及西甲联赛冠军奖杯。

年底，世俱杯决赛在阿联酋阿布扎比打响，欧冠冠军巴萨出战南美解放者杯冠军拉普拉塔大学生队。上半场，博塞利打入一个有越位嫌疑的进球，终场前1分钟，佩德罗头球破门救主，两队90分钟战成1比1，加时赛第110分钟，梅西胸部接应传中将球挡入门内，巴萨2比1击败对手，梅西用最匪夷所思的进球方式为巴萨填上了110年来最后一项冠军的空白。

至此，红蓝军团完成史无前例的6冠王伟业！欧洲足球百年史上，还没有哪支球队能像西甲冠军这样一年内揽下所有参加的六项比赛的冠军头衔。瓜迪奥拉与梅西创造了历史，一段前无古人的传奇。

2009年12月22日，国际足联在瑞士宣布世界足球先生由梅西获得，他成为史上第一个获此殊荣的阿根廷球员，也完成了个人2009年6冠王和包揽欧洲金球奖、FIFA先生的大满贯。

2009/2010赛季欧冠联赛，梅西打进8粒进球再次加冕欧冠金靴。值得一提的是，2010年4月7日，在诺坎普进行的欧冠联赛1/4决赛第二回合中，尽管本特纳首开纪录，但梅西用一个大四喜擒杀枪手，帮巴萨4比1获胜，两回合6比3晋级，五年内第四次杀入欧冠四强，梅西也成为欧冠历史上第7位单场连进4球的神射手。遗憾的是，梅西和他的巴萨最终倒在了"狂人"穆里尼奥率领的国米脚下。

随后的南非世界杯，梅西已是阿根廷的进攻核心。但复杂的阿根廷更衣室环境，加上梅西的性格，"小跳蚤"还不具备号令天下的威望。在1/4决赛中，阿根廷以0比4的世界杯队史最大输球比分惨败给德国队，并直接导致马拉多纳的下课。

2009/2010 数据

西甲联赛 出场 35/ 进球 34/ 助攻 14
西班牙国王杯 出场 3/ 进球 1/ 助攻 0
西班牙超级杯 出场 1/ 进球 2/ 助攻 0
欧冠联赛 出场 11/ 进球 8/ 助攻 0
欧洲超级杯 出场 1/ 进球 0/ 助攻 1
世俱杯 出场 2/ 进球 2/ 助攻 1

2009/2010 荣耀

金球奖(2009)/世界足球先生(2009)
西甲最佳球员 / 西甲最佳前锋
欧洲金靴奖 / 西甲金靴奖
欧冠最佳射手 / 世俱杯金球奖
阿根廷年度最佳球员奖(2010)
西甲联赛冠军 / 西班牙超级杯冠军
欧洲超级杯冠军 / 世俱杯冠军

1

首夺金球

2009年12月1日《法国足球》杂志举办的欧洲金球奖评选活动中，梅西以绝对优势击败上届金球奖得主C罗，成为获得该奖项的第一位阿根廷球员。此外，梅西也是历史上最众望所归的金球奖得主。积分473分创造了金球奖有史以来的历史纪录，而极限最高积分不过是480分而已。2008年夺取金球奖的C罗积分是446分；2007年夺取金球奖的卡卡积分是444分。

历史上，得票率最接近梅西的是现任欧足联主席普拉蒂尼，他当时得到了128分（最高可能是130分），得票率高达98.46%，而梅西的得票率为98.54%！

2

连续戴帽

2010年3月15日，西甲第26轮巴塞罗那坐镇诺坎普迎战瓦伦西亚。第56分钟，梅西禁区前沿晃过巴内加，然后连续盘过布鲁诺和阿尔巴，阿根廷人推射近点得分，1比0。第81分钟，亨利左路传中，梅西沿右路晃过巴勃罗射门，梅开二度。第83分钟，前场断球的巴萨再度制造威胁，伊涅斯塔将球顺给亨利，后者再度把皮球送到了梅西脚下，阿根廷人再度盘过德尔贝特低射破门，3比0。这也是梅西本赛季第二次上演帽子戏法。最终凭借着梅西的独中三元，巴萨主场3比0轻取对手。

10

LIONEL MESSI

三十如梅

2017年，梅西三十而立。从2003年到2017年，共效力巴萨十四赛季，总出场583场，打进507球，是巴萨与西甲的双料射手王。此外，他荣耀满载：8届西甲联赛冠军、4届欧冠联赛冠军、5届欧洲金球奖、1届世界足球先生、4届欧洲金靴奖……无论在个人还是团队荣耀的比拼上，梅西都足以笑傲寰宇，独步巅峰。

LIONEL MESSI
2009/2010
荣耀经典闪回
里奥·梅西

3 大四喜

2010年4月7日，巴塞罗那对阿森纳的欧冠四分之一决赛在诺坎普上演。巴萨第17分钟被客队攻进一球，0比1落后，但仅在上半场第20分钟，梅西断球后，在禁区弧内左脚劲射破门，就将比分扳为1比1。第36分钟梅西中路趟过克里希后单刀右脚推射破门，将比分反超为2比1。第41分钟凯塔中场头球点传，梅西单刀中路左脚挑射破门，3比1。

第87分钟梅西禁区左侧左脚低射破门，比分扩大为4比1，梅西也上演了职业生涯首次大四喜！巴塞罗那以总比分6比3淘汰阿森纳晋级欧冠四强。

欧冠拿到大四喜的只有范巴斯滕、因扎吉、普尔绍、范尼斯特鲁伊、舍甫琴科这五人。梅西将自己写入欧冠史册。此役一过，梅西以25球也成为巴萨历史上在冠军杯中进球最多的球员。

4 光耀德比

2010年4月11日，在西甲联赛第31轮一场榜首大战中，梅西带领巴塞罗那客场挑战同分的皇家马德里。本场也被称为世界身价最高的两支球队之间较量，同时是梅西对C罗的世界足球先生的对抗，也颇为吸人眼球。

第33分钟，哈维挑传禁区内，梅西突破阿尔比奥尔后，约在9米处推射破门，帮助巴萨以1比0取得开门红。下半场佩德罗再入一球，最终巴萨以2比0战胜皇马。在梅西的带领下球队不仅取得六连胜，并以3分重新占据积分榜首，还终结了皇马的十二连胜。本场获胜以后，巴萨在冠军争夺战中占得上风。

5
欧洲金靴奖

2009/2010 赛季，梅西在西甲联赛出场 35 次，打进 34 球，追平了罗纳尔多在 1998 年在巴萨创造的西甲单赛季进球纪录，荣膺该赛季西甲最佳射手，并帮助球队蝉联西甲联赛冠军。而梅西也最终首次加冕欧洲金靴奖！

6
世界足球先生

2009 年 12 月 22 日，2009 年度国际足联颁奖大典在苏黎世歌剧院隆重举行，梅西以 1073 分的绝对优势击败 C 罗（352 分），成为了历史上第 11 位在同一年度包揽金球奖和世界足球先生两大奖项的“超级先生”，同时他也是历史上第一位获奖的阿根廷人。2010 年 7 月 5 日，世界足球先生与欧洲金球奖合并为一个奖项，统称为 FIFA 金球奖，梅西成为世界足坛最后一个双料王。

2010 年的南非，梅西再次踏上世界杯的赛场，人们对他能否复制球王马拉多纳的壮举充满了期待。小组赛三战全胜，头名出线，1/8 淘汰赛战胜墨西哥，阿根廷一路高奏凯歌。2010 年 7 月 3 日，南非世界杯四分之一决赛，阿根廷遭遇老对手德国队，1986 年墨西哥世界杯，“球王”马拉多纳率领阿根廷队击败了联邦德国，蓝白军团第二次捧起了大力神杯。赛前，马拉多纳说，回忆起那届世界杯的感觉就像是在昨天。

然而，现实给出了最冰冷的答复，马拉多纳引以为傲的“昨天”只不过是遥不可及的从前，在德国战车面前，潘帕斯雄鹰被折断了翅膀，4 球完败。离开巴萨的梅西不再是无所不能的精灵，不再是独孤求败的王者，他就像一个迷路的孩子，不知道家在何处。在阿根廷，梅西彻底找不到方向。

不是梅西不努力，为了拿球，他甚至一次次回撤到中场。但德国人实在是对他严防死守，几乎不给他任何接球和带球的空间。阿根廷没有哈维，没有伊涅斯塔，梅西不可能在国家队踢出像巴萨一样的足球，更别提亲吻大力神杯。

虽然当主裁判吹响比赛结束哨声的时候，梅西还是保持平静，但是马拉多纳透露，在球员休息室里，梅西失声痛哭，为自己的表现感到惋惜，为阿根廷队感到伤心。球员们离场上大巴车的时候，阿根廷队只有特维斯、海因策和马斯切拉诺三名球员在混合采访区停下了脚步接受采访，而包括梅西在内的其他人迅速从通道离开。

7

世界杯年 / 2010 南非折翼

2009 年，阿根廷国家队并没有世界大赛，不过梅西却迎来了国家队生涯的重要时刻。2009 年 3 月 29 日，世界杯南美区预选赛中，阿根廷主场迎战委内瑞拉，阿根廷 4 比 0 大胜对手，比胜利更激动人心的是，梅西穿上了象征着核心的 10 号球衣。

在阿根廷，10 号有着特殊的意义，他象征着球队领袖。而在过去，风光无限的梅西从来没有在成年国家队穿过 10 号，即便是此前两场友谊赛里克尔梅不在，梅西也是穿着 18 号球衣，颇为低调。但是本场比赛里克尔梅彻底退出，阿根廷必须要选出一个新 10 号。尽管马拉多纳的最终选择没有让外界感到意外，但直到本场赛前公布首发名单时，人们才确定，新 10 号背在了梅西的背上。

那一年，梅西才 21 岁，他却身披巴萨与阿根廷两家豪门的 10 号球衣，足球史上像他这样的天才只怕也罕见。

NO 8

梅　西　赛　季　章　回　录

称霸欧洲 2010/2011

2010/2011 赛季，梅西是当之无愧的欧洲第一，他在欧冠赛场上打进 12 球，蝉联欧冠最佳射手。在欧冠决赛上，梅西打进了反超比分的关键球，帮助巴萨 3 比 1 击败曼联夺冠；而半决赛上，梅西对皇马比赛中梅开二度，包括一个连过 4 人后破门的经典之作。

梅西的赛季从西班牙超级杯开始，他在次回合比赛中上演帽子戏法，帮助球队 4 比 0 大胜塞维利亚，逆转了首回合 1 比 3 落败的比分，赢得冠军。这开启了梅西辉煌的赛季，也开启了巴萨的冠军之路。

赛季的第一个高潮来自万众瞩目的国家德比，这是穆里尼奥来到西甲之后的第一场国家德比。2010 年 11 月 30 日，哈维第 10 分钟就打破僵局，第 18 分钟后佩德罗击溃了皇马人的信心。梅西下半场两度助攻比利亚破门，赫弗伦补时锦上添花。这场 5 比 0 的狂胜让巴萨压倒皇马成为领头羊，红蓝军团此后再也没交出过榜首席位。

2011 年 1 月 11 日，国际足联颁奖大典在苏黎世举行，当梅西走上苏黎世金色大厅领奖台后第一句话便是："我没有想到。"这的确是个让很多人都没有想到的结果。梅西成为最颠覆传统的金球奖得主，打破了世界足球先生和金球奖在世界杯往年必由世界冠军队成员获得的惯例。

回到赛场上，巴萨天王用表现打消了人们的质疑。三天后，在与皇家贝蒂斯的比赛开球前，梅西向诺坎普球迷展示了他获得的金球奖，也用帽子戏法为自己庆祝。2 月 6 日，巴萨 3 比 0 完胜马竞，梅西上演职业生涯第 10 个帽子戏法。

欧冠淘汰赛，梅西每一轮都有进球。4 月 13 日，在客场对阵顿涅茨克矿工的比赛中，梅西打入全场唯一进球，在帮助球队取胜晋级四强的同时

也超越了克里斯蒂亚诺·罗纳尔多 47 球的单赛季进球纪录。

欧冠半决赛，巴萨与皇马狭路相逢。梅西成为了首回合比赛的绝对主宰，他在伯纳乌先后两次攻克卡西利亚斯的十指关，尤其是第二个进球，梅西先后摆脱了皇马的四名大将最终破门，这也成为 2011 年最经典的瞬间。巴萨也凭借着这场比赛的胜利确立了晋级决赛的大势。

5 月 29 日，欧冠决赛在温布利大球场展开角逐，佩德罗先拔头筹，鲁尼一度将比分扳平，梅西和比利亚随后破门，巴萨 3 比 1 战胜曼联，如愿捧起俱乐部史上第 4 座欧冠奖杯，而梅西在获得欧冠金靴三连冠的同时也以 12 个进球成为欧冠单赛季进球纪录创造者。

整个 2010/2011 赛季，梅西在 55 场比赛里打进了 53 球，其中西甲 33 场打进 31 球，欧冠 13 场打进 12 球，国王杯 7 场 7 球，西班牙超级杯 2 场 3 球，他还在三项赛事里完成了 27 次助攻，帮助巴萨夺得欧冠和西甲冠军，并横扫各大颁奖典礼。

2011 年 7 月 1 日，第四十三届美洲杯在阿根廷举办，阿根廷上一次夺冠已经是 13 年前了，这次势必借主场之力而夺魁。

然而球队和梅西的表现让人大跌眼镜，小组赛仅一胜二平，以第二名出线。1/4 决赛，双方战成 1 比 1 平，最后点球大战，以 4 比 5 被乌拉圭淘汰。本届赛事，梅西颗粒无收，只在与乌拉圭的点球大战中打进一粒点球。基于去年的世界杯和本次美洲杯的表现，外界普遍质疑梅西是否擅长打世界级大赛。

2010/2011 数据

西甲联赛 出场33/ 进球 31/ 助攻 21
西班牙国王杯 出场 7/ 进球 7/ 助攻 3
西班牙超级杯 出场 2/ 进球 3/ 助攻 0
欧冠联赛 出场13/ 进球12/ 助攻3

2010/2011 荣耀

FIFA 金球奖（2010）/ 欧冠最佳射手
西甲最佳球员 / 西甲最佳前锋
国王杯最佳射手 / 阿根廷年度最佳球员奖（2011）
西甲联赛冠军 / 西班牙超级杯冠军
欧冠联赛冠军

1 首夺FIFA金球

2011 年 1 月 10 日，梅西在荣膺 FIFA 金球奖的同时，他的俱乐部的队友伊涅斯塔和哈维仅排其后，这也是继 1988 和 1989 年 AC 米兰包揽欧洲金球奖前三甲后，历史上第三次出现由同一支球队球员分获前三的盛景。而在 2009 年荣膺双料先生的梅西，则因两项年度最佳的合并而成为世界上最后一个同时夺得世界足球先生和欧洲金球奖的球员。

2 欧洲最佳

欧洲最佳球员是由欧洲足球协会联盟和欧洲体育媒体联盟 ESM 共同评选的。梅西共两次获此殊荣，分别在 2008/2009 赛季和 2010/2011 赛季。

3 五冠王

2011 年 5 月 29 日，2010/2011 赛季欧洲冠军联赛决赛在温布利大球场展开角逐，巴塞罗那 3 比 1 击败曼联，佩德罗先拔头筹，鲁尼一度扳平比分，梅西和比利亚随后破门。

LIONEL MESSI
2010/2011
荣耀经典闪回
里奥·梅西

NO 9

梅　西　赛　季　章　回　录

数据之王 2011/2012

单赛季73球29次助攻，足足比去年多了20球！六项赛事均有进球+助攻、个人赛季创造102球、独中五元、大四喜、7次帽子戏法。“巴萨天王”的数据华丽得过于耀眼。

2011/2012赛季开始前的重头戏是西班牙超级杯，首回合在伯纳乌，梅西一传一射，巴萨2比2战平皇马。从2009年5月到2011年8月，他在西甲、欧冠和超级杯中连续5次做客伯纳乌球场都有进球。

2011年8月18日，次回合在诺坎普上演。巴萨两次领先两次被皇马扳平，不过梅西的进球最终绝杀银河战舰，巴萨以总比分5比4卫冕西班牙超级杯。

8月28日，2012欧洲超级杯决赛在摩纳哥路易斯二世体育场展开争夺，梅西上半场单刀破门，下半场助攻小法得分，巴萨2比0击败波尔图，第4次获得欧洲超级杯冠军。

12月18日，巴萨4比0南美解放者杯冠军桑托斯捧起世俱杯的冠军，如愿实现“五冠王”，梅西决赛打进2球，再一次证明并诠释了“大场面先生”的价值。

2012年1月10日，FIFA在苏黎世歌剧院举行金球奖颁奖仪式。走上苏黎世国会宫殿的红地毯时，梅西已经露出自信的微笑。巴萨天王赢得了象征着职业球员最高荣誉的金球奖，成为该奖项史上三连冠的第一人。

3月7日，梅西在欧冠对勒沃库森的比赛中完成职业生涯首次单场5球的壮举，创欧冠改制后之最。仅仅2周后的3月20日，在对格拉纳达的联赛中，梅西戴帽，以为234球的成绩打破了塞萨尔保持的232球的巴萨历史纪录。4天后在对马洛卡的比赛中，梅西一记直接任意球破门，单赛季联赛打进35球，破了1996/1997赛季罗纳尔多为巴萨创下的单赛季34球的纪录。人们考证“远古”时代的塞萨尔到底进了232球还是235球，这对梅西并不重要，3月31日，梅西打进了236球，无论如何都成为了巴萨史上最佳射手。

4月3日欧冠1/4决赛对米兰，梅西梅开二度后在该赛季欧冠中打进了14球，追平了AC米兰射手阿尔塔菲尼的纪录，成为冠军杯自1955年来单赛季进球最多的球员之一。虽然此后巴萨联赛、欧冠都失去希望，但梅西破纪录之路仍在继续。5月2日对马拉加的联赛中，梅西上演帽子戏法，年度总进球达到68球，打破了盖德·穆勒在1972/1973赛季创造的单赛季正式比赛67球的纪录。有人争议说1924/1925赛季苏格兰人斯塔克曾一个赛季打进了70球，没关系，5月5日梅西在加泰罗尼亚德比中独中4元，打进72球破了这一远古纪录。

2012年5月26日，马德里卡尔德隆球场，西班牙国王杯决赛在巴萨和毕尔巴鄂展开。梅西上半场21分钟时接伊涅斯塔直塞破门，这样他本赛季各项赛事已打入73球，此外还有29次助攻。最终巴萨3比0完胜毕尔巴鄂，问鼎国王杯。

放眼这个赛季，梅西俨然就是一个纪录终结者，任何耀眼的纪录在梅西面前都如浮云。在欧冠对垒勒物库森的比赛中，梅西单场独进五球，成为1992年欧冠改制以来首位单场比赛打进5球的球员。同时在本赛季欧冠中梅西共斩获14粒入球，不但创造了欧冠改制以来的新高，而且也平了改制前的最佳纪录。在西甲联赛中，梅西已疯狂打入50球，远远超过了C罗在2010/2011赛季创造的联赛单赛季40球的纪录。更恐怖的是，到目前为止，梅西各项赛季单赛季已打进68球，一举超越了球王贝利和盖德·穆勒，成为足球史上单赛季进球最多的球员。

梅西无疑是幸运的，前有里杰卡尔德、小罗和德科带着他成长，后有瓜迪奥拉、哈维和伊涅斯塔辅佐他登基，巴萨成为世界足坛最辉煌的王者之师，而梅西则成为最耀眼的明珠。

一支球队，13年时光，18个冠军，他将世界足球先生、欧洲金球奖、FIFA金球奖、欧洲金靴等荣誉集于一身，成为当今世界足坛当之无愧的王者。不管你爱与不爱，25岁的梅西就在那里，只增不减，不断前行。在各自的青春时光里，每个年代的球迷都有着自己的最爱。60年代的贝利，80年代的马拉多纳，20世纪末21世纪初的罗纳尔多，各个时代最伟大的球员就这样俘获着球迷的心。梅西正走在前辈的路上。当你终于摆脱学生时代的青涩，踏入社会，而后为人父为人母时，可还会记得看着梅西走向传奇的那些年。

2011/2012 数据

西甲联赛 出场 37/ 进球 50/ 助攻 21
西班牙国王杯 出场 7/ 进球 3/ 助攻 4
西班牙超级杯 出场 2/ 进球 3/ 助攻 1
欧冠联赛 出场11/ 进球14/ 助攻7
欧洲超级杯 出场 1/ 进球 1/ 助攻 1
世俱杯 出场 2/ 进球 2/ 助攻 0

2011/2012 荣耀

FIFA 金球奖（2011）/ 欧洲金靴奖
欧洲最佳球员（2011）/ 西甲金靴奖
西甲最佳球员 / 西甲最佳前锋
欧冠最佳射手 / 世俱杯最佳射手
世俱杯金球奖 / 阿根廷年度最佳球员奖(2012)
西班牙国王杯冠军 / 欧洲超级杯冠军
西班牙超级杯冠军 / 世俱杯冠军

1 金球三联霸

2012年1月11日，梅西上演金球奖“帽子戏法”，连续3年荣膺FIFA金球奖。梅西年仅24岁，成为国际足球历史上第一位连续3年获得世界足球先生的球员。历史上只有另外两位巨星曾经3次获得世界足球先生，分别是罗纳尔多（1996年、1997年、2002年）和齐达内（1998年、2000年、2003年），但他们都不是连续3年获奖。为梅西颁发奖杯的恰好是前巴西巨星罗纳尔多，梅西微笑着从“外星人”手中接过奖杯，连续3年蝉联金球奖，梅西当仁不让地成为历史第一人。

2 西班牙超级杯

2011年8月18日，西班牙超级杯次回合比赛在诺坎普开战，梅西最后时刻绝杀皇马，巴萨3比2战胜皇马，以总比分5比4卫冕西班牙超级杯。这是梅西连续第3次获得西班牙超级杯冠军，同时也是巴萨队史第10次加冕，笑傲群雄。

3 世俱杯金球奖

2011年12月18日，世俱杯决赛在日本横滨拉开战幕，巴塞罗那4比0大胜桑托斯，成为史上首支两次捧杯的球队。梅西打进两球，荣膺世俱杯金球奖，这是阿根廷球星第2次荣获世俱杯金球奖，2009年世俱杯，梅西率领巴萨获得冠军，并且在半决赛和决赛中都有入球，这让他第一次获得世俱杯金球奖。

4

单赛季 73 球

73 球是什么概念？看看那些曾经不可一世的数据：德国传奇射手具有“轰炸机”美誉的盖德·穆勒单赛季 67 球；“球王”贝利 66 球，要知道，这可是全世界前锋都需要仰望的数字，可就在 2012 年 5 月 5 号，一个属于梅西时代的伟大纪录诞生了。阿根廷巨星在单赛季打进了 72 粒进球，全线超越了穆勒和贝利，成为这个星球上单赛季进球最多的球员。

这 73 粒进球中，西甲联赛 50 球，欧冠联赛 14 球，国王杯、西班牙超级杯、欧洲超级杯和世俱杯总计 9 球。这其中，联赛和欧冠的进球梅西都完成了质的超越。上赛季，C 罗在西甲打入 40 粒进球，成为西甲历史上单赛季进球最多的球员，但仅仅一年过后，梅西便用 50 球完成了超越，在这个属于梅西的时代，C 罗颇有种既生瑜何生亮的无奈，毕竟皇马领袖本赛季也在西甲打进了 45 球，但还是无法撼动梅西犀利的进球攻势。

欧冠 14 球也是一个让人难以置信的纪录，自从 1992 年欧冠改制以来，还从未有一名球员能打进 14 粒进球，在改制之前也不过一个人做到。此外，梅西还打破了一项纪录，把俱乐部赛事和国家队赛事相加。梅西在这个赛季一共打进了 77 球，而贝利在 1965/1966 赛季两项赛事合计打进 75 球。打进 72 球的还有 1972/1973 赛季的盖德·穆勒和 1999/2000 赛季的罗马里奥。

伟大的赛季，伟大的传奇，梅西用 72 次扣人心弦的破门书写了难以超越的神话传说，历史已经无法纪录梅西的伟大和传奇，很多人都挖空心思来形容眼下的阿根廷人，但无从说起，只能发出一声惊叹：他不属于这个星球。

5

巴萨射手王

2012 年 3 月 22 日，主场同格拉纳达的这场比赛作为赛季最难忘的一站，因为那场比赛他超越了巴萨传奇射手塞萨尔 232 的巴萨进球纪录，成为巴萨队史第一射手。

这原本应该是一场平淡无奇的对决，卫冕冠军迎战联赛升班马，巴萨毫无悬念的以 5 比 3 击败对手。不过这场比赛真正的看点不是比赛，还是梅西！阿根廷人上演帽子戏法，职业生涯巴萨总进球达到了 234 球，从而超越了俱乐部传奇射手塞萨尔在 1955 年创造的 232 球的历史纪录，梅西成为巴萨队史射手王。

塞萨尔用 16 个赛季才为巴萨打进 232 球，而梅西仅用了 8 个赛季便将这一纪录踩在了脚下。考虑到梅西和巴萨之间的情节，他能将这一进球纪录刷新到什么高度，我们无法说清楚。

6

欧冠射手王

自从欧洲冠军杯建制以来，一代代传奇射手都留下了属于他们的光辉印记。上古时代，普斯卡什、迪斯蒂法诺、尤西比奥和盖德·穆勒威震江湖，将欧冠奉为自己的进球舞台。而在八九十年代，随着欧洲各大联赛的竞争日益激烈，超级射手更是层出不穷，在欧冠赛场争芳斗艳，书写传奇，因扎吉、舍甫琴科、范尼、劳尔、亨利和皮耶罗，欧冠过去十年的伟大射手们互不相让。

不过时至今日，当我们再去审视这份欧冠传奇射手名单时，不禁会发现有一个年轻的球员异军突起，用几乎等同光的速度跻身传奇行列，他就是阿根廷巨星里奥·梅西。2012 年 4 月 5 日，欧 1/8 决赛次回合，巴塞罗那主场迎来 AC 米兰的挑战，梅西点数梅开二度，个人欧冠生涯总进球达到 51 球，从而超越亨利，排名历史第 3 位，而更让人难以置信的是，整届欧冠联赛，梅西 11 场打进 14 球，创造历史。

7

五子登科

2012 年 3 月 9 日，梅西在同勒沃库森的欧冠 1/8 决赛次回合中上演了独中五元的好戏，他职业生涯首次完成了五子登科的壮举，而在欧冠历史上也是极为罕见的一幕。自从 1992 年欧冠改制以来，梅西是第一个在单场比赛打进 5 球的球员。

在 1992 年改制前的欧冠和联盟杯（欧联杯前身）历史上，曾经有 10 位球员单场打进 5 球，在改制后的欧冠历史中，单场进球最多的是 4 球，随着昨日比赛结束，范巴斯滕，范尼斯特鲁伊，普尔绍，因扎吉和舍甫琴科这些传奇巨星在欧冠联赛的单场进球纪录都排在了梅西身后，梅西成为了欧冠改制后首位单场打进 5 球的球员。

8

传射双巅

梅西在 2012/2013 赛季的西甲联赛中共打入 50 粒进球，超越了 C 罗，成为西甲联赛历史上单赛季进球最多的球员。上赛季，C 罗在西甲打进 40 粒进球，成为历史上首位单赛季打进 40+ 进球的西甲球员。不过仅仅一年过后，梅西便完成超越，将纪录提高整整一个档次。

一个球员能在一个赛季打进 73 粒进球，盖世神奇，同时送出 34 次助攻，旷世神迹！纵览足坛百年，能同时完成两项神迹者只此一人——梅西！

五子登科、大四喜、帽子戏法，整个赛季梅西的进球脚步急促而有节奏，让各路竞争者望尘莫及。

2012 年 3 月 22 日，梅西在与马拉加的比赛中再次上演帽子戏法。各项赛季狂进 73 球封神登基，与此同时梅西本赛季的助攻更是高达 34 次！两项数据都笑傲欧洲足坛。作为一名前锋，得分自然是梅西的职责，然而“小跳蚤”的助攻数据却是一个传球大师也难以媲美的，要知道当今足坛第一传球大师——哈维的队史助攻纪录也仅仅是在2008/2009 赛季创下的28次，这一纪录又被梅西改写。

NO 10

梅 西 赛 季 章 回 录

双料金靴 2012/2013

上赛季皇马以创纪录的100分成绩问鼎西甲，终结了巴萨的三连冠，赛季结束后，瓜迪奥拉离开诺坎普，看起来西甲将进入一个新的时代。仅仅半个赛季——而不是一个赛季后，冠军归属便失去了悬念，巴萨夺回荣誉的速度比他们失去时更快。

2012年10月8日，本赛季首回合的世纪大战如约而至，梅西和C罗两大绝世巨星上演最强对话。C罗为皇马首开纪录，随后梅西梅开二度为巴萨反超比分，此后葡萄牙人又入一球，最终将比分锁定为2比2平，巴萨与皇家马德里战平后继续稳居积分榜榜首，前7轮6胜1平保持不败。

10月27日对巴列卡诺的比赛中梅西梅开二度，其中第一个进球是他职业生涯的第300个进球。11月11日客场对马洛卡，梅西梅开二度以76球一举超越了贝利自然年内75球的纪录。11月20日对莫斯科斯巴达克，梅西在冠军杯中打进了56球，追平范尼欧冠正赛第二射手，仅次于皇马传奇劳尔创造的71球，但梅西追平了劳尔创下的在欧洲19座不同城市都有进球的纪录。

11月，儿子蒂亚戈的出生，为梅西赶超盖德·穆勒自然年进球纪录提供了新的动力。12月9日，梅西在对贝蒂斯的比赛中一下创造了两个纪录，首先他以190个进球追平了塞萨尔，成为巴萨史上联赛进球最多的球员。他的第二个进球是他2012年打进的第86球，打破了盖德·穆勒在1972年创造了85球的世界纪录，最终梅西将这个世界纪录提高到91球。虽然俱乐部没有太多荣誉，但这一次梅西是凭借真正的个人实力斩获金球奖。

有人说，2012年的梅西是孤独的。诚然，在当今的世界足坛，梅西已经难逢敌手，他像一个孤独的侠客，纵然修炼了一身的旷世绝技却也无人能与之对决，他凌驾于整个武林之上，不断书写着属于自己的传奇。

2012年，梅西69场比赛完成了91球，场均打进1.31球。其中在巴萨出场60场，打进79球；在阿根廷国家队出场9场，打进12球。梅西在47场比赛中均取得进球，其中22场未进球，16场单场打进1球，22场梅开二度，6次帽子戏法，2次大四喜，1次单场打进5球。当然还有一点就是，除了进了91球之外，2012年梅西还奉献了23次助攻，但可惜没有拿到年度助攻王，他以一次之差败给了厄齐尔（24次）。

2013年1月8日，2012年度国际足联颁奖礼在瑞士苏黎世举行。梅西成为历史上第一个赢得四次金球奖的球员，从此被载入史册。

1月28日，巴萨在诺坎普迎战奥萨苏纳，梅西在第11分钟，第28分钟，第56分钟和第58分钟连续4次洞穿了奥萨苏纳的球门，上演了伟大的大四喜神迹，凭借这一轮的独中四元，梅西在西甲中为巴萨的总进球数超过200粒，成为西甲历史中最年轻的“200球先生”。

3月31日，巴萨客场挑战塞尔塔，此前梅西已经连续18轮连斩18个西甲对手，比赛第73分钟，梅西终于收获渴望已久的连续第19场联赛进球，就此成为西甲历史上，也是欧洲五大联赛的历史中，第一位连续19轮联赛通杀西甲19强的神奇球员。

此后伤病的问题影响了梅西的表现，巴萨也在欧冠联赛1/4决赛两回合惨遭“德甲巨人”拜仁7比0的羞辱。个人进球榜上，C罗打破了梅西对欧冠金靴奖连续4个赛季的垄断，但巴萨天王在欧冠总进球数（59球）上依然领先葡萄牙人9球，仅仅落后于“指环王”劳尔。

2012/2013赛季，梅西在西甲首发27场，替补4场，出场31次，一共打入了46个进球，超过射手榜第二名C罗12球，连续两年摘下西甲射手王和欧洲金靴奖。

2012/2013 数据

西甲联赛 出场 32/ 进球 46/ 助攻 14
西班牙国王杯 出场 5/ 进球 4/ 助攻 1
西班牙超级杯 出场 2/ 进球 2/ 助攻 0
欧冠联赛 出场 11/ 进球 8/ 助攻 3

2012/2013 荣耀

FIFA 金球奖（2012）/ 欧洲金靴奖
西甲最佳球员 / 西甲最佳前锋
西甲金靴奖 / 阿根廷年度最佳球员奖（2013）
西甲联赛冠军

1
年度 91 球

2012 年，梅西不停地重复着进球和庆祝，69 场比赛打进 91 球，创造了史无前例的进球纪录。其中，16 场单场打进 1 球，22 场梅开二度，6 次帽子戏法，2 次大四喜，1 次单场打进 5 球。

梅西 2012 年 91 大进球，超越盖德・穆勒 85 球纪录，成为历史上首位单年进球突破 90 大关的球员。

2
四夺金球奖

2013 年 1 月 8 日，梅西高票数力压 C 罗和伊涅斯塔再获 FIFA 金球奖，成为金球奖历史上唯一一位连续四次蝉联此殊荣的球员。自此，梅西共夺得 5 次金球奖，其中 1 次 2009 年欧洲足球金球奖；3 次国际足球金球奖，分别在 2010、2011 和 2012 年。

梅西在 2012 年共参加 69 场比赛，打入开创史册的年度 91 球，其中为巴萨打入 79 球，为阿根廷国家队射入 12 球。

3 欧洲金靴

2012年10月29日，梅西领取了2011/12赛季欧洲金靴奖，这是阿根廷人职业生涯中第二次赢得这项殊荣。2011/2012赛季，梅西代表巴塞罗那在西甲联赛中打进50球，这使得他力压打进45球的皇马前锋C罗赢得西甲和欧洲联赛的双料金靴称号。这已经是梅西职业生涯中第二次赢得欧洲金靴奖了，2009/2010赛季，梅西就曾经凭借打进34个西甲联赛进球的出色发挥赢得职业生涯中的首个欧洲金靴奖。2012/2013赛季欧洲主流联赛已经结束，整个赛季打进60粒球的梅西再捧欧洲金靴奖。

4 进球献爱子

2012 年 11 月 3 日，阿根廷天王梅西终于在西班牙当地时间周五下午成为了父亲。梅西在个人 Facebook 上正式宣布了孩子的出生。

一天后，巴萨主场迎战塞尔塔，梅西怀抱着欧洲金靴奖出场，和怀抱着阿斯图里亚王子奖奖杯的哈维一起展示自己的荣誉，但欧洲金靴得主却没能在这特殊的日子打进一粒球。

梅西做好了进球献给刚刚出生的儿子的准备，他穿上新的战靴，上面刻着自己一天前出生的儿子的名字——“蒂亚戈”，甚至提前准备了庆祝道具——一个奶嘴。然而在这样特殊的日子里，梅西却没能如愿。梅西错失了挑射，一次单刀，一次门前抢点的绝佳进球机会。

11 月 8 日，巴萨远赴苏格兰格拉斯哥挑战凯尔特人，梅西虽然在补时第 1 分钟收获进球，但巴萨却遭遇 3 年来第一次在欧冠小组赛输球，梅西只能默默做出吸吮手指的庆祝动作，把进球献给刚刚出生的儿子蒂亚戈。

5 回应大四喜

2012/2013 赛季西甲第 21 轮，C 罗的帽子戏法助皇马大胜。然而两个小时后，梅西就还了个“大四喜”。梅西与 C 罗的进球竞逐不仅奏响了 2013 年首场西班牙国家德比的前奏，更标志着 2013 版《绝代双骄》的正式“开播”。

2013 年 1 月 28 日，巴萨与奥萨苏纳，从第 11 分钟晃过费尔南德斯后右脚推射空门，到第 28 分钟点杀命中，至第 56 分钟和第 57 分钟，连续两次禁区内左侧约 9 米处推射命中，梅西上演“大四喜”共用了 46 分钟，这比他此前 3 次“大四喜”的表演时间都要短。

此战过后，梅西连续 11 轮比赛都有进球，成为西甲第一人。梅西的西甲总进球数达到 202 个，他还不到 26 岁，成为西甲最年轻的超过 200 球得主。

Qatar
Foundation
10

NO 11

梅 西 赛 季 章 回 录

伤病阴云 2013/2014

2013年7月20日，上任仅一年的比拉诺瓦因腮腺癌复发无法继续担任巴萨主教练一职，红蓝军团被迫更换主教练，这样的变故似乎也预示着即将到来的2013/2014赛季不会太顺利。

8月19日，新赛季揭幕战，红蓝军团7比0狂胜莱万特，梅西贡献2粒进球和1次助攻，新援内马尔完成首秀。9月2日，巴萨做客梅斯塔利亚球场，西甲第3轮，巴萨在前40分钟3比0领先，梅西半小时戴帽，半场结束前2分钟内瓦伦西亚由波斯蒂加连中两元。巴萨客场3比2险胜巴伦西亚，联赛开局三连胜。

9月29日，西甲联赛第7轮巴萨客场挑战阿尔梅里亚，梅西帮助球队首开纪录，以223粒联赛进球追平塞萨尔跃居西甲历史总射手榜第五位。但是在进球后，梅西却揉着自己的右大腿肌肉，而梅西也被哈维替换下场，这次受伤让梅西休战了14天。

11月11日，巴萨4比1大胜皇家贝蒂斯，梅西带球时遭到20岁小将卡罗－马丁内斯的犯规，在倒地瞬间梅西捅出皮球，捂住左大腿内侧肌肉。虽然经过队医的治疗，但是梅西依旧无法坚持比赛，他在第21分钟被伊涅斯塔替换下场，而这次受伤让其休战了59天。

这是梅西在2013年的第6次受伤，巴萨的命运随之也发生了变化。红蓝军团三大战场全部失利未夺一冠，7年来首度无缘欧冠四强。上一次梅西遭遇联赛、国王杯和欧冠全部旁落得尴尬情况还要追溯到2007/2008赛季。

回看2013年的梅西仍旧在持续自己的优异表现，他跨年度地从第11轮到第29轮联赛连续19场都有进球，其中6场梅开二度，一场大四喜，一共打进30球！

最让人印象深刻的一场比赛是巴萨在欧冠1/8决赛主场迎战AC米兰，由于之前一回合已经客场0比2落败，这一场只有破釜沉舟才能取得出线，梅西以一己之力半场就搬回了两球的劣势，把胜利的希望留给了巴萨，下半场比利亚和阿尔巴终结比赛，而让人血脉贲张的则是梅西将球队扛在肩上前行的霸气，称之为王毫不为过。

2014年前后曾经遇到伤病问题的梅西也没能卫冕西甲金靴奖，联赛中出战31场的他打进了28个球，这是梅西2008/2009赛季以来首次进球数少于30个。整个赛季梅西在各项赛事中出场44次打进41球。

2013/2014赛季，梅西最高光的时刻当属联赛第二回合国家德比，他开场就送出直传助攻，伊涅斯塔左脚斜射为巴萨首开纪录。在皇马连入两球反超之后又是梅西站了出来，他和内马尔踢墙配合之后快速杀入禁区劲射得分，3名皇马后卫也没能拦下这脚射门。下半场内马尔和伊涅斯塔分别制造点球机会，梅西两次都将球稳稳罚中，上演帽子戏法。他就此成为第一个在伯纳乌上演帽子戏法的巴萨球员，同样也是第一个两次在世纪大战中独中三元的巴萨球员。

赛季结束，梅西坦承："这是一个艰难的赛季，我们一事无成。"

梅西是巴萨之王，更是阿根廷足球的希望和期待，但在这个层面他仍旧缺少一个荣誉，一个皇冠上红宝石一般的荣誉——世界杯冠军。

阿根廷人对于足球狂热无比，肯佩斯和马拉多纳曾经带给过他们世界杯冠军。但是距离上一次捧起大力神杯，已经过去了接近30年，整个国家对此的期待已经到了无以复加的地步，而已经被世界公认为新球王的梅西终于让他们看到了胜利女神。

2014，巴西世界杯，在召唤。

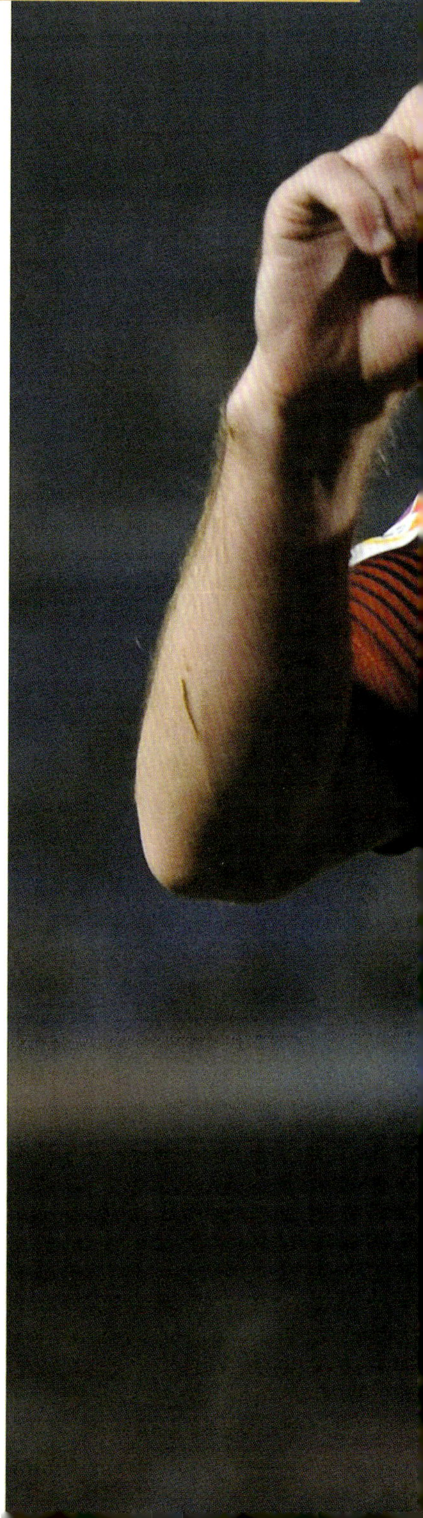

2013/2014 数据

西甲联赛 出场 31/ 进球 28/ 助攻 13

西班牙国王杯 出场 6/ 进球 5/ 助攻 3

西班牙超级杯 出场 2/ 进球 0/ 助攻 0

欧冠联赛 出场 7/ 进球 8/ 助攻 1

2013/2014 荣耀

世界杯金球奖（2014）/

国王杯最佳射手

西班牙超级杯冠军

世界杯亚军（2014）

1

完美复出

因伤缺席了巴萨亚洲行的梅西在新赛季开始前伤愈复出。西甲首轮，他用梅开二度的表演帮助巴萨7比0狂胜莱万特取得开门红，完美复出，他做到了。

2013年8月19日，西甲联赛拉开大幕，巴萨主场对阵莱万特，本场比赛因伤缺席巴萨亚洲行末战和国家队赛事的梅西，此役复出直接首发，上半时便梅开二度，生涯247场西甲联赛打入217球。本场比赛“小跳蚤”罚中的点球，也是他西甲第27次通过点球破门，超过了昔日天王库巴拉而仅次于科曼，荷兰名宿曾在西甲射入45个点球。同时，这也是阿根廷人生涯第五次在巴萨赛季揭幕战中取得进球。

上半场巴萨就确立6比0的领先优势，梅西更是在上半场一人独中两元，下半场第73分钟，莱万特后场任意球回传有些随意，小法将球断下后晃过门将，随后传给无人盯防的佩德罗，后者打空门得手，巴萨取得7比0领先！

梅西复出首战，就用两粒进球帮助球队取得新赛季开门红，他用完美的表现开始了新赛季的征程。

2

半场戴帽

2013年9月2日对阵瓦伦西亚，梅西火力全开，半场就完成了帽子戏法。用超强的攻击力一次次撕破对方的防线。

巴萨开场第11分钟，法布雷加斯直传，梅西速度摆脱拉米，又在禁区边缘外扣过出击的阿尔维斯，最后在科斯塔封堵前射入空门。

第39分钟，巴萨再次领先，法布雷加斯直传，梅西禁区右肋约9米处抢在拉米封堵前射入远角，2比0，仅仅过了3分钟，内马尔禁区左侧传中，梅西约9米处第一时间推射破门，3比0，上半场“小跳蚤”就用帽子戏法帮助巴萨遥遥领先，最终客场3比2力克瓦伦西亚取得三连胜，梅西无疑是本场比赛最大的功臣。

3

传射建功

2013年9月25日，内马尔很快攻入加盟巴萨的首粒进球，随后梅西进入状态，内马尔禁区左侧传中，无人盯防的梅西小禁区边缘冲顶破门，这是他本赛季联赛第7球。

虽然第64分钟皇家社会的德拉贝利亚挽回颜面的一球，但梅西还是用一个精确制导般的助攻助队友再次往皇家社会的伤口上撒了把盐，第77分钟，梅西突入禁区左侧左脚横传门前，巴特拉右脚推射锁定胜局，4比1。

一场比赛，一个进球，一个助攻，梅西的全能效应体现得淋漓尽致。

4

复制传奇

2013年10月23日，欧洲冠军联赛小组赛H组第3轮的较量在圣西罗球场展开，本场比赛巴萨身着黄红间条衫，他们希望这种鲜艳的色彩能为自己带来好运，开场仅9分钟，AC米兰布斯克茨头球回传，巴萨两名中卫配合失误，马斯切拉诺凌空解围，罗比尼奥力拼皮克得球直传，卡卡禁区左侧外脚背传中，罗比尼奥门前8米处推射入网，1比0。

比分的落后并没有让巴萨的球员们急躁，他们寻求着一切机会，第23分钟，巴萨前场抢断，伊涅斯塔中路突进分球，梅西禁区右侧停球内切扛住康斯坦特，抢在蒙托利沃回追解围之前，在门前11米处左脚精准推射入右下角，这个进球梅西是在三个米兰球员围堵下完成的，难度之大可见一斑。

最终双方再无建树，1比1结束了全场比赛，纵观全场，梅西1V3的进球可谓多年不遇的经典，仿佛复制了当年球王马拉多纳的传奇表演。

5

世界杯年 / 2014 巅峰之憾

2014 年里约热内卢的这个夏夜注定是梅西永生难忘的，因为这是缔造崭新历史的一天，他有可能获胜走上神坛，但最终还是与至高荣誉擦肩而过。

2014 年世界杯开赛之前，梅西刚刚度过了一个艰苦的赛季。他顶着“操控巴萨”的罪名开始了这个注定艰难的赛季，结果身心俱疲的梅西不断遭受伤病的困扰，比赛打打停停。面对指责，梅西没有过多的解释，只用艰苦的训练和恢复来表明自己的决心，他要在世界杯上为自己正名，并且为阿根廷带回盼望已久的大力神杯。

小组赛第一场，蓝白军团面对世界杯新军波黑队，开场两分钟，梅西任意球传入对手禁区，罗霍头球制造对手乌龙，阿根廷早早取得领先。然而梅西在上半场的其他时间近乎梦游，人们不禁担心他是否延续了世界杯上的厄运。好在梅西没有让大家担心太久，第 65 分钟他在波黑禁区前沿向左侧带球突破，晃开几名防守球员后起脚怒射，打进了一粒精彩的梅西式进球，阿根廷 2 比 0 锁定胜局。

事实上，本届世界杯萨维利亚对梅西在场上的位置进行了调整，阿根廷 10 号的位置相对靠后，是一个既肩负射门得分，又要串联前场进攻的组织者，类似篮球场上的“分卫摇摆人”。

第二场小组赛，阿根廷与伊朗的比赛沉闷无比，常规时间战罢依然 0 比 0，梅西再次挺身而出，他标志性的右路内切射门得分，帮助阿根廷惊险战胜对手，两连胜，锁定出线名额。

小组赛收官战，尼日利亚为阿根廷带来了不小的麻烦，他们两度扳平比分。好在阿根廷有刚刚度过生日的寿星梅西，他打进一记门前补射，还在上半场结束

这说明梅西在位置靠后的战术要求下，保持了高水准的发挥。他的王者归来，为阿根廷带来了9分，也为他们接下来的淘汰赛征程注入了一针强心剂。

进入淘汰赛阶段，阿根廷遭遇的第一个对手，是同样重视防守的瑞士队。

90分钟结束双方0比0互交白卷。加时赛，阿根廷逐渐占据优势，第118分钟，梅西利用一次中路突破，传球给“天使”迪马利亚，后者迎球一脚低射攻破了瑞士的大门，凭借这个进球阿根廷进入了八强，而梅西的战术角色悄然发生着变化，这一阶段的赛事他更多地安心于组织者的角色，这更利于他的体力分配。

八进四的比赛，阿根廷遇到了“欧洲红魔”比利时队。面对强敌，梅西选择提前发力，开场不久，梅西前场传球给迪马利亚，后者一脚经过折射的直塞找到了伊瓜因，“小烟枪”不做调整射门得分，阿根廷1比0领先比利时，并最终将比分保持到比赛结束，阿根廷将比利时黄金一代淘汰出局，时隔24年再次挺进世界杯半决赛。

巴西和德国那场7比1重口味半决赛再次提醒了人们：关键战役还是求稳为上策。荷兰和阿根廷之间的决赛就受此影响，拉出了一副先扎根防守后寻求突破的阵势。结果双方在120分钟内贡献了一场精彩的0比0，要通过互射点球决出胜负。

点球大战，梅西第一个主罚，面对西莱森，他稳稳地将球打进，要知道这第一个点球会为后面定下基调，所以梅西这一球价值千金。另外在经常有球员拒绝第一个罚球的情况下，梅西的敢于担当让人肃然起敬，哪怕罚丢这球，也要为他的勇气鼓掌。守门员罗梅罗没有错失梅西的努力，用双手捍卫了美洲球队的最后荣誉，阿根廷成功晋级世界杯决赛。

淘汰赛阶段阿根廷每每一球取胜，再加上迪马利亚、阿圭罗受到伤病影响，让外界认为已是强弩之末。德国队青春风暴打出了炫目的进攻足球，被普遍看好成为冠军。最终的结果大家都已知道，但是过程却出乎意料，阿根廷和德国打得难解难分，前者甚至在上半场占据了优势，他们打出的防守反击让德国颇为狼狈。赛后难掩失望的梅西向媒体这样表达：“更好的机会都在我们的手上，我们本可以战胜德国。用这样的方式结束实在让人悲伤，我们理应获得更好的结局。”可惜的是阿根廷没能把握住机会，上帝最终惩罚了浪费机会的人。

尽管梅西赛后领取了世界杯金球奖，但媒体和球迷普遍认为阿根廷核心不配领取该奖，甚至连此前一直支持他的FIFA主席布拉特也认为这个颁奖结果出乎意料，他表示：“梅西在世界杯的表现是越来越差的，如果以个人观点来看金球奖颁给了梅西，我个人感觉很意外。”马拉多纳更认为这是国际足联的一个糟糕营销。

面对这些争议，作为梅西表现见证者的阿根廷主帅萨维利亚说：“里奥配得上金球奖，因为他在世界杯上做出了卓越的表现，他是球队走到今天这一步的决定性因素。他已经超越了伟大，凌驾在众人之上。”

这些话并非打感情牌，毕竟数据不会说谎：梅西参加的7场世界杯比赛，获得了其中4场比赛的最佳球员，打进4球助攻1球的同时，还创造了23次得分机会，还有冠绝世界杯众星的46次成功突破。试想一下，如果队友把握机会的能力更高一些，这些威胁球和突破就会更好地被利用，如果球队的板凳厚度没有远远被德国落下，梅西也许已经一战封神。

前攻进了一粒精彩的直接任意球。最终边后卫罗霍制胜头球，确保阿根廷小组第一出线。

纵观整个小组赛，阿根廷几乎颠覆了人们对潘帕斯雄鹰的最初印象，这支球队不再是华丽、细腻、潇洒、飘逸的探戈军团。萨维利亚为球队注入了更多务实的因子，注重防守，稳扎稳打，让本以为会是阿根廷名门的后防线成为坚不可摧的胜利堡垒。而这种改变，也激活了逢世界杯萎靡的梅西。阿根廷核心在小组赛阶段打门11次，5次射正换来4个进球，其中有3球都是中远距离射门，超过了梅西威胁最大的约13.6米区域。

6 世界杯金球

尽管没能像前辈马拉多纳那样率队捧起世界杯，但梅西的表现已经相当出色，他在7场比赛中贡献了4球1助攻，可以说，他几乎是靠着一己之力将潘帕斯雄鹰带进决赛。在无缘大力神杯之后，梅西也获得了国际足联颁发的金球奖，继2006年的齐达内和2010年的弗兰之后，梅西也成功夺得了这一个人奖项。

NO 12

梅西赛季章回录

三冠称王 2014/2015

巴萨成为欧冠历史上第一支两次赢得三冠王的球队。联赛面对马德里双雄，巴萨取得了3胜1负的佳绩。国王杯全胜战绩夺冠，其中包括双杀马竞。在欧冠中，巴萨淘汰赛接连干掉了曼城、巴黎、拜仁、尤文这四大联赛的冠军。

2014/2015赛季，路易斯·恩里克正式成为球队新主帅，昔日的铁血队长重返诺坎普。

11月22日，在巴萨与塞维利亚的西甲比赛中，梅西上演了帽子戏法。这个帽子戏法，在帮助巴萨5比1大胜的同时，也让梅西超越萨拉保持了59年的251球纪录，以253球成为西甲历史上进球最多的球员。

三天后，欧冠小组赛面对希腊人竞技，巴萨天王收获了个人的第72粒欧冠进球，从而完成了对劳尔的超越。梅西的表演还远未结束，随后他又连入两球，用一顶“帽子”加冕欧冠射手王。

巴萨的三冠王之路并非一帆风顺，恩里克一度也为自己强硬的执教风格付出了代价。2015年年初，梅西内心积蓄已久的愤怒终于爆发，他与恩里克在训练场上发生激烈的语言冲突。

在输给皇家社会的比赛中，梅西被恩里克惩罚性地扔上板凳席，“小跳蚤”一怒之下缺席了第二天的公开训练。巴萨队内一度处于分崩离析的边缘。

在俱乐部高层和双方的调停后，接下来发生的事出乎了所有人的意料——从1月5日到2月16日的10场比赛里，梅西打进14球、助攻队友9次。其中，三次战胜了马德里竞技，两次战胜比利亚雷亚尔。在联赛对马德里竞技的比赛中，他创造了场上全部4个进球，在对拉科鲁尼亚上演的帽子戏法里，3粒进球都由他自己组织创造。

欧冠赛场上，双杀曼城和巴黎，这4场比赛梅西虽然没有进球，但他频频为队友送出助攻，与曼城的第二回合比赛，梅西助攻拉基蒂奇打进全场唯一进球；与巴黎的首回合，梅西快攻中直传助攻内马尔先拔头筹。

5月7日，与拜仁的半决赛首回合交手，梅西随心所欲地用两个进球和一次助攻轻松解决德甲巨无霸。他对博阿滕的“犯罪式过人”成为球迷热议的新词。

5月18日，西甲第37轮，决定冠军归属的关键之战，巴萨客场1比0力克马竞，梅西攻入制胜球，巴萨提前一轮夺得西甲冠军。

5月31日，国王杯决赛在诺坎普球场打响。巴萨3比1战胜毕尔巴鄂竞技夺冠，梅西为球队贡献2球。

6月6日，欧冠决赛在柏林奥林匹克球场打响，巴萨3比1战胜尤文，俱乐部历史上第5次、近10年第4次捧起欧冠冠军奖杯。这不算是一场属于梅西的决赛，3个进球，梅西没有进球、助攻，但梅西大师级的调度策划第1球、暴力突破后远射导致布冯扑救不远，苏神补射破门、第3球中快速精准的直传创造3打2的反击。

终场哨响，梅西的表情相对淡定，他脸上露出笑容，与队友拥抱相庆。梅西在13场欧冠比赛中攻入10球，与C罗、内马尔并列射手榜第一。这意味着，梅西成为了历史上第一个在欧冠5次获得最佳射手荣誉的球员。

至此，巴萨成为欧洲首支两次加冕三冠的球队。梅西各项比赛出战57场，参赛5085分钟，打入58球，完成27次助攻，这些数据均高居巴萨队内第一。

2014/2015 数据

西甲联赛 出场 38/ 进球 43/ 助攻 22
西班牙国王杯 出场 6/ 进球 5/ 助攻 4
欧冠联赛 出场 13/ 进球 10/ 助攻 6

2014/2015 荣耀

IFFHS 世界最佳球员（2015）
西甲最佳球员 / 西甲最佳前锋
欧冠最佳射手
阿根廷年度最佳球员奖（2015）
西甲联赛冠军 / 西班牙国王杯冠军
欧冠联赛冠军 / 美洲杯亚军（2015）

1
MSN

巴萨在2014/2015赛季改朝换代。从过去的“双子星”时代进入到了“MSN”时代。梅西、内马尔和苏亚雷斯，这三名巨星都具备超凡的控球突破能力和一流视野，同时又拥有一击必杀的本能。难能可贵的是他们之间完全无私的。这也造就了他们三人本赛季在各条战线上合力为球队贡献122球（欧冠27球）的亮眼成绩。

梅西、苏亚雷斯、内马尔组成的“MSN”组合大杀四方，成为史上最强的三叉戟。

2
欧冠百场

2015年9月17日，欧冠小组赛，客场对阵罗马。此役是梅西第100次在欧冠赛事中出场。他是第32位达到这一里程碑的球员，也是继哈维、普约尔、巴尔德斯、伊涅斯塔之后第5位欧冠出场100次的巴萨球员。更重要的是，28岁84天的梅西成为最年轻的球员，超越劳尔（28岁239天），成为史上最年轻欧冠百场球员，前99场比赛梅西已经打入77球，取得58场胜利。

3
国家队百场

2015年6月21日，在阿根廷与牙买加的比赛中，梅西完成了自己职业生涯的第100场国家队赛事，在过去的这100场比赛中，梅西一共打进46球，助攻27次，取得了60胜20平20负的战绩。其中正式比赛63场（22球，15助攻），友谊赛37场（24球，12助攻）。正式比赛中，包括13场美洲杯和15场世界杯。

LIONEL MESSI
2014/2015
荣耀经典闪回
里奥·梅西

QATAR AIRWAYS
FINAL BERLIN 2015
JESUS

QATAR AIRWAYS
ADRIANO
21
22
16
10
24

4

四冠王

“MSN”无坚不摧，率领巴萨在2014/2015赛季豪揽（西甲联赛、国王杯以及欧冠、欧洲超级杯）四冠王。

巴萨3比1战胜尤文图斯，在2014/2015赛季第5次获得欧冠冠军。

巴萨在2014/2015赛季第23次获得西甲联赛的冠军，仅次于皇马的32次冠军，是夺冠次数位居第二的球队。

巴萨在2014/2015赛季国王杯决赛上以3比1战胜毕尔巴鄂竞技队，史上第27次获得国王杯冠军，8年里5次获得冠军，因此永久得到了第四座国王杯。

2015年8月12日，巴萨以5比4战胜塞维利亚，第5次获得欧洲超级杯冠军。

5

美洲杯亚军

这世上有两个梅西，一个在巴萨四次捧起欧冠奖和金球奖，被众多足坛人士誉为世上最伟大球员；另一个则身穿蓝白间条衫，试图在世界杯和美洲杯的舞台上证明自己的价值。

2015 年美洲杯决赛，阿根廷点球负于智利而归。阿根廷国脚比格利亚透露，在阿根廷丢掉美洲杯冠军后，梅西曾经伤心欲绝并且痛哭流涕，“我从来没有见过这样的梅西，彻底绝望、不受控制的痛哭，这是一个悲伤的画面，看到这样一个球员以这样的方式宣泄，我无法用语言描述我的感受。”

6

再度加冕

2015 年 8 月 27 日，欧足联在摩纳哥举行了欧冠小组赛抽签仪式，同时也颁发了欧足联欧洲最佳球员奖，最终梅西获得 49 票，摘得欧洲最佳球员奖。

梅西 2014/2015 赛季帮助巴萨夺得了欧冠、西甲和国王杯三项冠军，而他本人也在 57 场比赛中打进了 58 个进球，并且有 27 次助攻。无论是个人数据还是团队荣誉，夺得此奖都当之无愧。这也是继 2011 年之后再次荣膺该项大奖。

COPA AMÉRICA
Chile2015

五夺金球 2015/2016

在获得自己职业生涯的第五座金球奖后，梅西把上演过金球帽子戏法的克鲁伊夫、普拉蒂尼、巴斯滕、C罗等新老巨星甩开两个身位。巴萨天王无疑拥有同时代球员中最特殊的才华，未及而立之年已五度问鼎。

赛季伊始，梅西力压C罗和苏亚雷斯荣膺2014/2015赛季欧足联最佳球员，其两度当选也成为历史第一人。

回到西甲赛场，巴萨做客卡尔德隆球场，梅西替补登场帮助巴萨2比1绝杀马竞，这是梅西职业生涯第20次洞穿马竞的球门，真正堪称马竞第一杀神。

9月26日，巴萨主场迎战拉斯帕尔马斯，尽管巴萨如愿全取三分，但不幸的是，开场仅仅3分钟，梅西就在一次进攻中左膝受伤，在坚持了几分钟后被迫重伤离场。巴萨赛后官方宣布，因为左膝韧带受伤，梅西将会缺阵7至8周。

11月22日，西班牙国家德比打响。凭借苏亚雷斯、内马尔和伊涅斯塔的爆发，巴萨以4比0攻陷伯纳乌，终结了皇马主场22连胜。比赛第57分钟，当梅西替换拉基蒂奇上场的时候，“小跳蚤”露出了标志性的笑容。他在第74分钟送出了助攻，帮助苏亚雷斯梅开二度。

年底的世俱杯决赛，梅西为巴萨打破僵局，苏亚雷斯梅开二度，巴萨以3比0轻取南美解放者杯冠军河床队，历史上第三次赢得世俱杯冠军，同时这也是巴萨在2015年拿到的第5个冠军奖杯。

梅西继2009年、2011年之后，又在世俱杯决赛破门，也因此成为历史上第一位也是唯一一次三届世俱杯决赛破门的球员。

新年伊始，梅西捧起了个人第5座金球奖。整整一月，巴萨天王火力全开：4比1西班牙人，2传2射；4比0格拉纳达，上演帽子戏法；6球血洗毕尔巴鄂，打进1球；2比1马拉加，打进反超1球；2比1逆转马竞，打进扳平球，帮助巴萨坐稳联赛头把交椅。

2月24日，欧冠1/8决赛首回合，巴萨客场2比0完胜阿森纳，梅西独中两元。红蓝军团各项赛事33场不败，圣诞假期后17战取得15胜2平的佳绩。

巴萨的不败战绩一直延续到39场，此后却遭遇了滑铁卢。次回合国家德比输给皇马之后，三条战线高歌猛进的巴萨突然“断电”，联赛遭遇三连败，积分也被身后的马竞追平。而更大的

打击是，红蓝军团三年内两度被马竞在欧冠联赛中淘汰，主帅恩里克一度陷入信任危机。

外界一度认为恩里克的球队将重蹈皇马前一个赛季四大皆空的悲剧。然而，随后的剧情是，最好的巴萨终于满血复活。8比0血洗拉科鲁尼亚，6比0横扫希洪竞技，2比0力克皇家贝蒂斯，5比0狂胜同城死敌西班牙人，最后一役3比0完胜格拉纳达，巴萨在最后五场比赛中狂轰24球而1球未失，以一波干净利落的五连胜，将球队的第24座西甲冠军揽入怀中。

国王杯决赛中，巴萨与塞维利亚激战90分钟难分高下。梅西在加时赛挺身而出，他先后助攻阿尔巴和内马尔破门，巴萨成功卫冕。

2015/2016赛季，梅西在各项赛事出战49场打进41球，其中联赛26球，欧冠6球，国王杯5球，欧洲超级杯、西班牙超级杯和世俱杯一共打入4球，此外还送出23次助攻。

2016年第四十五届美洲杯，这是为了庆祝美洲杯和南美足协成立100周年而举办的“百年美洲杯”。阿根廷在小组赛里三战全胜，淘汰赛里也以4比1和4比0，两个大比分击败了委内瑞拉和东道主美国队，顺利进入决赛。梅西5场打进5球，大家一度认为，梅西和他的球队是夺冠热门。

6月26日，决赛在东卢瑟福的大都会体育场上演，对手是上届冠军，老对手智利队。90分钟战平，经过加时赛后，双方进入到点球大战。但是梅西第一个出场就罚丢了点球，最终以2比4再次屈居亚军。这也是梅西职业生涯获得的第三个亚军。

“俱乐部的神勇，到了国家队就哑火。”外界的种种质疑声再度响起。而梅西不仅在赛后拒绝领取美洲杯金球奖，还一度表示退出国家队。

2015/2016 数据

西甲联赛 出场 33/ 进球 26/ 助攻 16
西班牙国王杯 出场 5/ 进球 5/ 助攻 6
西班牙超级杯 出场 2/ 进球 1/ 助攻 0
欧冠联赛 出场 7/ 进球 6/ 助攻 2
欧洲超级杯 出场 1/ 进球 2/ 助攻 0
世俱杯 出场 1/ 进球 1/ 助攻 0

2015/2016 荣耀

FIFA 金球奖（2015）/IFFHS 世界最佳球员（2016）/欧洲最佳球员（2015）
西甲最佳前锋 / 国王杯最佳射手
阿根廷年度最佳球员奖（2016）
西甲联赛冠军 / 西班牙国王杯冠军
欧洲超级杯冠军 / 世俱杯冠军 /
美洲杯亚军（2016）

1

西甲冠军

2015/2016 赛季西甲联赛的最后一轮，苏亚雷斯用完美的“帽子戏法”帮助巴塞罗那在最后一轮力压死敌皇家马德里成功卫冕，获得俱乐部历史上的第 24 座西甲冠军。近 11 年来 8 夺西甲冠军，巴萨已然实现了对西甲的霸道统治。

2

国王杯冠军

2015/2016 赛季国王杯决赛，巴萨以 2 比 0 战胜塞维利亚，第 28 次夺得国王杯冠军，历史上第 5 次成功卫冕。

3

金球五指山

2016 年 1 月 12 日，FIFA 颁奖礼在瑞士苏黎世举行。梅西力压 C 罗和队友内马尔，荣膺 2015 年度 FIFA 金球奖。梅西在 2015 年的表现非常出色，他帮助巴塞罗那获得西甲、欧冠、西班牙国王杯、欧洲超级杯和世俱杯五项冠军。

在 2014/2015 赛季，梅西是欧冠最佳射手（10 球）和助攻王（6 次助攻）。同时他是西甲银靴（43 球）和助攻王（22 次助攻）。2015 年，梅西代表巴塞罗那出场 53 次，打入 48 球并送出 23 次助攻。此外，梅西还率领阿根廷进入美洲杯决赛。此番获奖后，梅西成为历史上第一位 5 次获得 FIFA 金球奖的球员（包括 FIFA 最佳球员和金球奖合并前的一次）。

LIONEL MESSI
2015/2016
荣耀经典闪回
里奥·梅西
QATAR
AIRWAYS

NO 14

梅 西 赛 季 章 回 录

神奇逆转 2016/2017

阿根廷在百年美洲杯点球大战不敌卫冕冠军智利而痛失冠军，梅西落寞的身影和沮丧的眼泪让人心疼。回到诺坎普，巴萨3比0战胜塞维利亚，总比分5比0夺得本赛季首个冠军头衔——西班牙超级杯。梅西两回合贡献1进球2次助攻。巴萨众将士正式开启卫冕征程。

西甲揭幕战，巴萨6比2大胜贝蒂斯，梅西梅开二度；5比1莱加内斯，同样梅开二度。第5轮，巴萨主场1比1被马竞逼平，梅西在下半场开始不久与对方后卫戈丁争抢球权时感到身体不适，之后无法继续坚持被图兰换下。赛后诊断为右大腿内收肌肌肉撕裂，需要休养三周。

2016年10月15日，巴萨主场4比0大胜拉科鲁尼亚，梅西复出，他在下半场替补出场为巴萨锁定胜局。一周后客战瓦伦西亚，又是他在补时阶段打入制胜点球，巴萨3比2险胜。

巴萨天王在欧冠赛场上的表现也相当抢眼，小组赛6战全队狂轰20粒进球，梅西一人包揽了其中的一半！阿根廷巨星总计出战了5场欧冠小组赛，总计攻入了10粒进球并奉献2次助攻。其中，主场面对凯尔特人和曼城时，梅西都上演了帽子戏法，而作客苏格兰对阵凯尔特人时则梅开二度，在伊蒂哈德球场与曼城过招时则打进了1粒进球。

进入2017年，梅西依旧火力不减。从1月9日到3月5日，巴萨天王10轮联赛狂轰11球。客战比利亚雷亚尔，最后关头打入扳平的进球，也为巴萨夺回1分。迎战莱加内斯，梅西最后时刻担负起点球为球队挽回3分。客战皇家贝蒂斯，当时以0比1落后，梅西虽然没有进球但是在第90分钟助攻苏亚雷斯将比分扳平，又从对方手中夺回了1分。客战马竞，又是梅西在终场前制胜破门，帮助巴萨从卡尔德隆艰难带回3分。

欧冠1/8决赛，巴萨主场6比1击败巴黎圣日耳曼，两回合总比分6比5神奇逆转，创下欧冠历史纪录。梅西第50分钟的点球破门，吹响了红蓝军团绝地反击的号角。此役，他在前腰位置上送出全队最多的4次关键传球，调度球队不断压制巴黎展开阵地战攻势，68次触球，44次传球，射门4次，打进1球，制造对手3次犯规。

终场哨响后梅西兴奋地冲到球场边，一跃跳上广告牌，被簇拥到场边的球迷、记者与工作人员团团围住，梅西就像诺坎普帝王，登高而呼君临天下，这一刻，他就像绿茵场上的恺撒。

2017年3月20日，巴萨坐镇主场迎战瓦伦西亚。梅西再次成为关键先生，巴萨天王独中两元带队逆转。这是梅西第100次代表巴萨单场独中两元，队史第一人。

4月6日，巴萨3球完胜塞维利亚，梅西8分钟内"KO"对手两射一传参与3球。4月16日，巴萨3比2险胜皇家社会，梅西打入2球并助攻帕科进球。巴萨联赛主场9连胜后继续紧逼榜首的皇马，下轮将展开直接对话。

欧冠赛场上，他们在1/4首回合0比3完败于意甲冠军尤文图斯脚下。

4月20日，欧冠1/4决赛次回合，梅西率领的巴萨无法打破尤文图斯的防线，0比0与尤文互交白卷，（总比分0比3）告别了本赛季的欧冠。本场比赛巴萨不断努力进攻，但射门多数只能偏出，梅西也徒叹奈何，很显然，这不是属于巴萨的夜晚。

4月24日，2016/2017赛季西甲联赛第33轮迎来西班牙"国家德比"如期而至，巴萨客场与皇马交锋。皇马利用一次角球机会，由卡塞米罗率先得分。巴萨5分钟后还以颜色，拉基蒂奇送出妙传，苏亚雷斯中路将球故意漏过，插上的梅西推射破门。

上半场比赛以1比1的比分结束。下半场节奏加快，第73分钟，拉基蒂奇的抽射帮助巴萨2比1反超了比分。随后，拉莫斯中场铲倒了梅西，裁判直接出示红牌将皇马队长罚下。比赛最后阶段，皇马用J罗换下本泽马，第85分钟，J罗接马塞洛的传中将皮球送入巴萨球门。就当所有人以为比赛会以2比2结束时，梅西再次站了出来。补时阶段，梅西在皇马禁区内用一脚灵巧的推射将比分最终定格在3比2，帮助巴萨客场击败皇马。

这个进球也是梅西在巴萨的第500个进球。本轮比赛结束后，巴萨与皇马同积75分，皇马少赛一轮，巴萨凭借胜负关系的优势，回到了积分榜榜首的位置。

4月27日，巴萨7比1大胜排名垫底的奥萨苏纳。梅西、安德烈·戈麦斯和阿尔卡塞尔均梅开二度，屠杀过后，巴萨得以继续领跑积分榜。

4月30日，加泰罗尼亚地区德比，"MSN"组合再度合体，巴萨最终3比0完胜西班牙人。在多赛一场的情况下，巴萨继续以净胜球优势排名榜首。

5月8日，巴萨凭借MSN组合的火力全开，主场4比1大胜比利亚雷亚尔，联赛主场取得11连胜，在创下恩里克执教时代最佳纪录的同时，积分榜上继续以净胜球优势领先少赛一场的皇马。

5月28日，国王杯决赛上演，巴萨对阵阿拉维斯。这也是主帅恩里克执教的最后一场比赛，全队上下希望用一座冠军奖杯来送别这位功勋主帅。

凭借梅西的一射一传，巴萨以3比1战胜对手。使得俱乐部历史上第二次赢得国王杯三连冠（第一次是1951至1953年）。

2016/2017 数据

西甲联赛 出场 34/ 进球 37/ 助攻 9
西班牙国王杯 出场 7/ 进球 5/ 助攻 3
西班牙超级杯 出场 2/ 进球 1/ 助攻 2
欧冠联赛 出场 9/ 进球 11/ 助攻 2

2016/2017 荣耀

欧洲金靴奖 / 西甲金靴奖
国王杯最佳射手 / 国王杯冠军
西班牙超级杯冠军

1 金发络腮

2016 年 6 月，在百年美洲杯比赛期间，梅西出人意料地留起了络腮胡子，同以往的邻家男孩形象大相径庭，完全颠覆了清秀文雅的印象。据悉，这是因为梅西认为留胡子会给自己带来好运，但美洲杯决赛的结果事与愿违。

百年美洲杯决赛告负之后，梅西一度宣布退出阿根廷国家队，并且将自己的头发染成了金色。在接受阿根廷著名喜剧演员明戈里托采访时，梅西终于透露了自己染金发的原因，“我需要从零开始。百年美洲杯，我们再一次倒在了点球上。在这之后，我希望能在外表上有所改变，稍微疯狂一下。新的赛季，我希望能有一个新的开始。”

2 西超冠军

2016 年 8 月 18 日，2016 年西班牙超级杯第二回合开战。在诺坎普球场，巴塞罗那主场 3 比 0 轻取塞维利亚，梅西传射建功，并以 5 比 0 的总比分夺冠，这是巴萨史上第 12 次赢得西超杯。

3 史诗大逆转

这也许是足坛历史上最伟大的逆转之战之一，当巴萨首回合在王子公园以4比0完败于巴黎圣日耳曼时，似乎已经宣判死刑。在欧战历史上还从没有一支球队能在首回合0比4的情况下翻盘，即使是最忠诚的红蓝球迷也不再奢望巴萨能扭转乾坤。但历史是用来改写的，巴萨就是那种逆天改命、笑傲乾坤的不世之军！2017年3月8日，诺坎普球场，欧冠1/8决赛次回合，6比1，净胜对手5球，总比分6比5。神奇的巴萨完成神奇的逆转！我们惊叹这一神迹的同时，想到缔造它的主人，足以匹配任何奇迹的巴萨军团，一切又在情理之中了。

4 补时绝杀

2017 年 4 月 24 日，2016/2017 赛季西甲联赛第 33 轮迎来西班牙“国家德比”，巴萨做客伯纳乌与皇马交锋。凭借梅西补时阶段的绝杀，巴萨以 3 比 2 击败皇马，夺回了积分榜榜首的位置。

首发方面，皇马的贝尔伤愈复出，与 C 罗和本泽马重新组成“BBC”组合，克罗斯、莫德里奇和卡塞米罗组成中场屏障。巴萨由于内马尔停赛，帕科首发出场，与梅西和苏亚雷斯组成攻击群。比赛开始后，双方都踢得相当主动，第 20 分钟，梅西就在一次对抗中，被马塞洛不慎打破了嘴唇。

比赛的第一个进球发生在第 28 分钟，皇马利用一次角球机会，由卡塞米罗补射得分。巴萨 5 分钟后还以颜色，拉基蒂奇送出妙传，苏亚雷斯中路将球故意漏过，插上的梅西推射破门。上半场比赛以 1 比 1 的比分结束。

下半场比赛开始后，比赛节奏加快，双方都不满足于平局，而是铆足了劲儿，希望把对方击倒。第 73 分钟，拉基蒂奇的抽射帮助巴萨 2 比 1 反超了比分。

随后，拉莫斯中场铲倒了梅西，裁判直接出示红牌将皇马队长罚下。比赛最后阶段，皇马用 J 罗换下本泽马，力求最后一搏。这次换人也取得了立竿见影的效果，第 85 分钟，J 罗接马塞洛的传中将皮球送入巴萨球门。正当所有人以为比赛会以 2 比 2 结束时，梅西再次站了出来。补时阶段，梅西在皇马禁区内用一脚灵巧的推射将比分最终定格在 3 比 2，帮助巴萨客场击败皇马。

这个进球也是梅西在巴萨的第 500 个进球。本轮比赛结束后，巴萨凭借胜负优势，超越皇马，回到积分榜榜首。

这个夜晚的伯纳乌，是梅西一个人的舞台，他用 2 个精彩进球，以及直接导致拉莫斯被罚下，帮助巴萨 3 比 2 赢得本赛季第二回合国家德比的胜利。此战与 C 罗的直接对抗中，梅西占得优势。

5 五百大关

对希望为巴萨打入 500 球的梅西来说，没有比在伯纳乌球场更适合的球场了，也没有比皇马更适合的对手了。更加令人惊讶的是，梅西仅仅用了 577 场比赛就打入了 500 球，这意味着场均打入 0.86 球。如今，梅西是国家德比历史上进球最多的球员，共打入 21 球。

10
BARÇA

349 西甲联赛进球
La Liga Goals
2004—2017 年

44 国王杯进球
Copa del Rey Goals
2004—2017 年

94 欧冠联赛进球
UEFA Champions League Goals
2004—2017 年

12 西班牙超级杯进球
Spanish Super Cup Goals
2006—2017 年

58 国家队进球
Argentina Goals
2005—2017 年

LIONEL MESSI

5 金球奖
Ballon d'Or
2009、2010、2011、2012、2015

1 世界足球先生奖
FIFA World Player of the Year
2009

2 欧洲最佳球员奖
UEFA Best Player in Europe Award
2011、2015

1 欧洲俱乐部年度最佳前锋
European Club Year Best
2008/2009

4 欧洲金靴奖
European Golden Shoe
2009/2010、2011/2012、2012/2013、2016/2017

4 西甲最佳射手
La Liga Top Scorer
2009/2010、2011/2012
2012/2013、2016/2017

5 欧冠联赛最佳射手
UEFA Champions Best Shooter
2008/2009、2009/2010、2010/2011、2011/2012、2014/2015

6 西甲最佳球员奖
La Liga Best Player
2009、2010、2011、2012、2013、2015

10 阿根廷年度最佳球员奖
Footballer of the Year of Argentina
2005、2007—2013、2015、2016

1 世界杯金球奖
FIFA World Cup Golden Ball
2014

4 金球奖
Ballon d'Or
2008、2013、2014、2016

2 世界足球先生奖
FIFA World Player of the Year
2008、2016

2 欧洲最佳球员奖
UEFA Best Player in Europe Award
2014、2016

1 欧洲俱乐部年度最佳前锋
European Club Year Best
2007/2008

4 欧洲金靴奖
European Golden Shoe
2007/2008、2010/2011
2013/2014、2014/2015

3 西甲最佳射手
La Liga Top Scorer
2010/2011、2013/2014
2014/2015

6 欧冠联赛最佳射手
UEFA Champions Best Shooter
2007/2008、2012/2013
2013/2014、2014/2015
2015/2016、2016/2017

1 西甲最佳球员奖
La Liga Best Player
2014

8 葡萄牙最佳球员奖
Best Portuguese Athlete Abroad
2007、2008、2009、2011
2012、2013、2015、2016

2 英格兰足球先生奖
FWA Footballer of the Year
2007、2008

西甲联赛进球 La Liga Goals 2009—2017 年 **285**

国王杯进球 Copa del Rey Goals 2010—2017 年 **22**

欧冠联赛进球 UEFA Champions League Goals 2003—2017 年 **103**

西班牙超级杯进球 Spanish Super Cup Goals 2011—2017 年 **03**

国家队进球 Portugal Goals 2003—2017 年 **71**

CRISTIANO RONALDO

LIONEL MESSI

41 职业生涯帽子戏法次数
Career Hat-tricks
2004—2017 年

26 西甲帽子戏法次数
La Liga Hat-tricks
2004—2017 年

07 欧冠帽子戏法次数
UEFA Champions League Hat-tricks
2004—2017 年

23 国家德比进球
El Clasico Goals
2004—2017 年

05 世界杯进球
FIFA World Cup Goals
2006—2014 年

08 美洲杯进球
Copa America Goals
2005—2014 年

8 西甲联赛冠军
La Liga
2004/2005、2005/2006
2008/2009、2009/2010
2010/2011、2012/2013
2014/2015、2015/2016

5 国王杯冠军
Copa del Rey
2008/2009、2011/2012
2014/2015、2015/2016
2016/2017

7 西班牙超级杯冠军
Supercopa de Espana
2005、2006、2009、
2010、2011、2013、2016

4 欧洲冠军联赛冠军
UEFA Champions League
2005/2006、2008/2009
2010/2011、2014/2015

3 欧洲超级杯冠军
Supercopa de Europa
2009、2011、2015

3 世俱杯冠军
FIFA Club World Cup
2009、2011、2015

1 奥运男足金牌
Olympic Gold Medal
2008

1 U-20 世青赛冠军
FIFA U-20 World Cup
2005

1 世界杯亚军
FIFA World Cup
2014

3 美洲杯亚军
Copa America
2007、2015、2016

2 西甲联赛冠军
La Liga
2011/2012、2016/2017

2 国王杯冠军
Copa del Rey
2010/2011、2013/2014

1 西班牙超级杯冠军
Supercopa de Espana
2012

4 欧洲冠军联赛冠军
UEFA Champions League
2007/2008、2013/2014
2015/2016、2016/2017

2 欧洲超级杯冠军
Supercopa de Europa
2014、2016

3 世俱杯冠军
FIFA Club World Cup
2008、2014、2016

3 英超联赛冠军
Premier League
2006/2007、2007/2008
2008/2009

1 足总杯冠军
FA Cup
2004

2 英格兰联赛杯冠军
League Cup
2005/2006、2008/2009

1 欧洲杯冠军
European Cup
2016

职业生涯帽子戏法次数
Career Hat-tricks
2003—2017 年
47

西甲帽子戏法次数
La Liga Hat-tricks
2003—2017 年
33

欧冠帽子戏法次数
UEFA Champions League Hat-tricks
2003—2017 年
07

国家德比进球
El Clasico Goals
2009—2017 年
16

世界杯进球
FIFA World Cup Goals
2006—2014 年
03

欧洲杯进球
European Cup Goals
2004—2014 年
09

STIANO
RONALDO

梅西PKC罗总出场 / 进球 / 助攻数据（仅限于C罗登陆西甲以后）

2016/2017 赛季

梅西	C罗
总出场 52 进球 54 助攻 15	总出场 46 进球 42 助攻 12
西甲出场 34 进球 37 助攻 9	西甲出场 29 进球 25 助攻 6
欧冠出场 9 进球 11 助攻 2	欧冠出场 13 进球 12 助攻 6
其他赛事出场 9 进球 6 助攻 5	其他赛事出场 4 进球 5 助攻 0

2015/2016 赛季

梅西	C罗
总出场 49 进球 41 助攻 24	总出场 48 进球 51 助攻 15
西甲出场 33 进球 26 助攻 16	西甲出场 36 进球 35 助攻 11
欧冠出场 7 进球 6 助攻 2	欧冠出场 12 进球 16 助攻 4
其他赛事出场 9 进球 9 助攻 6	其他赛事出场 0 进球 0 助攻 0

2014/2015 赛季

梅西	C罗
总出场 57 进球 58 助攻 32	总出场 54 进球 61 助攻 22
西甲出场 38 进球 43 助攻 22	西甲出场 35 进球 48 助攻 16
欧冠出场 13 进球 10 助攻 6	欧冠出场 12 进球 10 助攻 3
其他赛事出场 6 进球 5 助攻 4	其他赛事出场 7 进球 3 助攻 3

2013/2014 赛季

梅西	C罗
总出场 46 进球 41 助攻 17	总出场 47 进球 51 助攻 17
西甲出场 31 进球 28 助攻 13	西甲出场 30 进球 31 助攻 9
欧冠出场 7 进球 8 助攻 1	欧冠出场 11 进球 17 助攻 4
其他赛事出场 8 进球 5 助攻 3	其他赛事出场 6 进球 3 助攻 5

2012/2013 赛季

梅西	C罗
总出场 50 进球 60 助攻 18	总出场 55 进球 55 助攻 12
西甲出场 32 进球 46 助攻 14	西甲出场 34 进球 34 助攻 10
欧冠出场 11 进球 8 助攻 3	欧冠出场 12 进球 12 助攻 1
其他赛事出场 7 进球 6 助攻 1	其他赛事出场 9 进球 9 助攻 1

2011/2012 赛季

梅西	C罗
总出场 60 进球 73 助攻 34	总出场 55 进球 60 助攻 15
西甲出场 37 进球 50 助攻 21	西甲出场 38 进球 46 助攻 12
欧冠出场 11 进球 14 助攻 7	欧冠出场 10 进球 10 助攻 3
其他赛事出场 12 进球 9 助攻 6	其他赛事出场 7 进球 4 助攻 0

2010/2011 赛季

梅西	C罗
总出场 55 进球 53 助攻 27	总出场 54 进球 53 助攻 13
西甲出场 33 进球 31 助攻 21	西甲出场 34 进球 40 助攻 10
欧冠出场 13 进球 12 助攻 3	欧冠出场 12 进球 6 助攻 2
其他赛事出场 9 进球 10 助攻 3	其他赛事出场 8 进球 7 助攻 1

2009/2010 赛季

梅西	C罗
总出场 53 进球 47 助攻 16	总出场 35 进球 33 助攻 7
西甲出场 35 进球 34 助攻 14	西甲出场 29 进球 26 助攻 7
欧冠出场 11 进球 8 助攻 0	欧冠出场 6 进球 7 助攻 0
其他赛事出场 7 进球 5 助攻 2	其他赛事出场 0 进球 0 助攻 0

梅西巴萨生涯进球率 0.85　**C罗皇马生涯进球率 1.03**

梅西PKC罗西班牙国家德比数据

赛事	对阵场次	梅西胜利	梅西进球	C罗胜利	C罗进球	平局
西甲联赛	16	9	10	4	8	3
欧冠联赛	5	2	3	1	0	2
国王杯	5	1	0	2	5	2
西班牙超级杯	4	2	5	1	3	1
友谊赛	2	1	1	1	1	0
总	32	15	19	9	17	8

梅西PKC罗其他数据

梅西欧冠决赛进球 2 VS C罗欧冠决赛进球 4
梅西职业生涯点球罚进 73 VS C罗职业生涯点球罚进 94
梅西职业生涯点球罚失 19 VS C罗职业生涯点球罚失 20
梅西年度收入 5340 万美元 VS C罗年度收入 5600 万美元
梅西年度广告收入 2800 万美元 VS C罗年度广告收入 3200 万美元

RONALDO
7
adidas
C

Lionel Messi

梅 西 历 代 战 靴 解 码

我们来回顾一下梅西的整个专属战靴系列，看看那些陪伴“梅球王”攻城拔寨的功勋球鞋是怎样一步步发展至今的。

01 F50.9 TUNIT Messi 2008/2009

梅西第一款专属阿迪达斯F50诞生在2008/2009赛季。他第一次穿着就为巴塞罗那创造了历史——在对阵桑坦德竞技的比赛中打入俱乐部史上第5000个联赛进球。值得一提的是，这款球鞋也曾在伯纳乌创造了6比2的比分，还有国王杯、联赛和欧冠的三冠王。

02 F50i TUNIT Messi 2009/2010

在夺得了欧冠冠军后，F50i甚至成为国际性报纸的封底，其后阿迪达斯为梅西带来了限量版的“蓝金”专属配色。他的第二款专属球鞋比第一款拥有更多的个人元素，由袋鼠皮打造面料，独特的专属图案设计灵感来自阿根廷国旗和梅西家乡罗萨里奥。

03 F50i TUNIT Messi 2009/2010

在巴萨与皇马的国家德比前夕，阿迪达斯交给了梅西另一款专属F50i TUNIT。这款战靴是梅西最为难忘的专属作品，因为它见证了梅西打破的许多纪录和赢得的许多头衔。他在对阵阿森纳的欧冠比赛中攻入4球，并且赢得了他职业生涯首个FIFA年度世界足球先生称号，成为了第一个赢得这项荣誉的阿根廷人。

04 Adizero F50 2010

2010年世界杯之前，阿迪达斯推出了重量只有165克的全新Adizero F50足球鞋。发布会上，梅西手拿的那双电光紫色的F50成为了之后他在世界杯赛场上的战靴。2010年南非世界杯的赛场，比利亚等球员穿着的是黑/黄配色，罗本都球员穿着的是黄、黑配色，只有梅西一人穿着被我们戏称为“变色龙”的电光紫配色皮版Adizero F50，显然这是梅西2010年世界杯的专属配色。

05 Adizero F50 Messi Ballon d'Or 2010/2011

2010/2011赛季开始前，阿迪达斯为梅西送上了这款全新的金色/F50 Adizero。球鞋采用简约的设计配以尊贵的颜色，庆祝梅西夺得了“年度世界足球先生”的头衔。而首次亮相是在阿根廷对阵西班牙的国际友谊赛上——梅西只用了10分钟的时间就取得了进球。

06 Miadidas Adizero F50 Messi 2012/2013

在 2012 年，阿迪达斯邀请梅西的粉丝们通过 Miadidas 自定义服务系统为梅西设计一双战靴，而梅西从中挑选他最为喜欢的一款，在对阵马德里竞技的比赛中穿着。在 14200 个设计中，哈维尔·帕斯夸尔·穆勒赢得了这份光荣，他设计了一个白色的鞋面加上红色的后跟以及三条纹，再配上黑色大底。梅西在本场比赛中打进 2 球并以协助球队以 4 比 1 赢得完美胜利。

07 Adizero F50 Messi Ballon d'Or 2012/2013

梅西 4 夺金球奖奖杯对于他来说又意味着更多。阿迪达斯当然会为他奉上纪念战靴——设计灵感来自阿根廷国旗的 4 个金色太阳放于鞋面，每一个都代表着梅西所赢得的每一座金球奖。这款球鞋也只在一场国王杯的比赛中穿着。

08 Adizero F50 Messi 2013/2014

2013 年，梅西又在自己的履历上增添了不少重大的成就，包括了 5 次联赛冠军、2 次国王杯冠军、5 次超级杯冠军、3 次欧冠冠军、1 次奥运冠军以及 4 次 FIFA 年度足球先生。还不止，他在一个自然年中取得了 91 个进球。最终这一切使得阿迪达斯为梅西推出全新专属球鞋，并且首次应用设计灵感来自梅西名字的“M”专属标志。

09 Adizero F50 Messi 2013/2014

颜色和图案都以梅西在球场上所散发的光芒作为灵感，阿迪达斯为梅西推出这款专属球鞋。阿迪达斯还让梅西穿上了带有LED的衣服，来抓取他在黑暗中的灵动瞬间。梅西在巴塞罗那对阵AC米兰的欧冠比赛中穿上了新战靴，最终比赛以1比1平局结束。

10 Adizero F50 Messi "370" 2013/2014

在巴萨以7比0拿下奥萨苏纳的比赛中上演帽子戏法之后，梅西正式超越阿尔坎塔拉成为俱乐部史上进球最多的球员。为庆祝这个伟大的时刻，阿迪达斯以巴塞罗那球衣的主色调作为设计灵感，推出了全球限量370双的特别版。这370双球鞋都被赋予了独立编号，代表着梅西的每一个俱乐部进球。

11 Adizero F50 Messi Birthday 2014

梅西在巴西世界杯期间度过了27岁生日，阿迪达斯为他送上了特殊的礼物——斗战圣靴。此鞋融入了缤纷彩带的元素。这款特别版仅制作了27双，代表着梅西成长的每一年。遗憾的是，这款战靴不对外发售，梅西也仅在训练中穿过一次。

12 Adizero f50 Messi Blaugrana 2014/2015

这个配色的梅西专属版只为欧冠赛事准备，球鞋上的四种颜色设计灵感来自巴萨体系。这款战靴见证了梅西超越劳尔成为欧冠史上最佳射手。

13 Adizero F50 Messi Neon orange 2014/2015

虽然有争议，但梅西还是夺得了巴西世界杯的最佳球员。为了庆祝梅西归队，阿迪达斯将梅西在俱乐部所取得的成就以文字暗纹的形式放于最新战靴上，鞋垫上更是别出心裁地印上了一句口号“Mes Que Un Botin（不只是一双球鞋）”，设计灵感显然来自巴萨俱乐部的座右铭座右铭“M é s que un club（不只是一家俱乐部）”。梅西穿着这双战靴继续着他的创纪录之路，其中就包括在西甲进球数达到惊人的251粒。

14 Adizero f50 Messi Mirosar10 2014/2015

这是阿迪达斯在2014年为梅西设计的最后一款专属球鞋，配色的设计灵感来自梅西儿时在故乡罗萨里奥参加第一场11人比赛时两队的球衣颜色。更特别的是鞋垫上印有一个废置军事基地的地图，那是梅西儿时和小伙伴经常踢野球的场地。

15 Adizero f50 Messi Pibe de Barr10 2014/2015

战靴名为Pibe de Barr10，由梅西故乡罗萨里奥的艺术家伊格纳西奥·瓦伦操刀，将梅西童年时期经常玩耍的街道的涂鸦融入到球鞋上，那里是梅西从邻家男孩成长为世界球星的起点。

16 Messi 15.1 "Ⅰ" 2015

2015 年 5 月底，Adidas 用 ACE 和 X 两大系列取代之前的 Predator、F50、11Pro、Nitrocharge 四大系列，并单独为梅西推出了全新 Messi 系列战靴。球鞋采用了金属蓝作为主色调，点缀黑色和黄色，彰显王者气质，而梅西的专属标志出现在后跟外侧以及前掌中央的鞋钉之上。全新超软超纤与织物网布的搭配，并带有凹纹摩擦，鞋身中后部设置了支撑骨架，而大底设计完全根据梅西的个人喜好而来。

17 Messi 10/10 2015

2015 年 10 月 10 日，为了庆祝重新定义足球场上“10 号”的这位天才的成就，阿迪达斯再次为世界足球先生梅西推出全球限量 100 双的足球鞋。每一双“Messi 10/10”都是梅西本人穿着的 US8 1/2 码（JP265），并且每一双球鞋都附带一个皮质的限量数字标签。后跟金色的“10 号”代表梅西的球衣号码，而鞋头部分则用黑色印花工艺印制上梅西的个人专属标识。

18 Messi 15.1 2015

对于梅西而言，2015 年非比寻常。这一年里，他带领球队取得西甲联赛、国王杯、欧洲足联冠军联赛和欧洲足联超级杯联赛的冠军。11 月 17 日，阿迪达斯推出新配色的 Messi 15.1，为其传奇年份画上完美句号。黑色鞋面在 messiFRAME 部位渐渐融入鞋领至鞋跟的日光红，代表着梅西投入每一场比赛和训练之中的热量与强度。

19 Messi 15.1 2016

2016 年 1 月，梅西第五次捧起了金球奖，阿迪达斯立即推出一款金球奖纪念球鞋。鞋面采用珠光白高级真皮制作，用纯金属铂金细节增强球鞋的视觉。球鞋后跟部分的梅西 Logo 和阿迪达斯 Logo 都用真实铂金制作，而后跟正中间纵向分布 4 颗金色圆点及一颗铂金色圆点，象征获得 5 座金球奖。鞋垫上印制一句西班牙语“Elmás grande de todos los tiempos”，意为“最伟大的时间”！球鞋鞋舌上，使用了全息技术制作的 logo，梅西的头像和阿迪达斯的 logo 在不同视角下来回变换。

20 Messi 16 2016

2016年5月20日，阿迪达斯足球推出水银系列战靴。全新Adidas Messi16+ Pureagility来源于无休止的创新，在与梅西紧密合作的基础上最终完成，球鞋的每一个部件都是以梅西的踢球风格和他征服赛场的敏捷动作而设计。

21 Adidas Messi 16.1 "10/10" 2016

此次的Messi 10/10以adidas Messi16+Pureagility为制作平台，在配色上大胆地采用了大面积的绿色，并从鞋面开始向鞋跟渐变成黑紫色，和之前的星空系列配色一样给人营造出一种星空迷幻的感觉。而之所以在鞋面采用绿色其灵感来源于超人克星——Kryptonite氪石！鞋面通过颜色渐变的手法展现出来如同稀有金属一般的光泽，电镀大底更是画龙点睛，让整款球鞋看起来更像是外太空的产物。在后跟的位置，作为超限量款还特别标注了10/10的标志，用来展现自己的特殊身份。限量100双的Messi 10/10的每一双球鞋都有自己独一无二的吊牌，在提升收藏价值的同时也让每一个可以有幸获得这款球鞋的玩家得到一种被认同感。

22 Adidas Messi 16.1 Spacedust 2016

Adidas Messi16.1足球鞋的配色设计大胆而抢眼，该配色将装备阿根廷球王以及以他命名的"梅西战队"。黑绿配色的Adidas Messi16.1足球鞋于2016年10月推出。这款配色被命名为"Spacedust"（宇宙尘埃），它是Messi16.1的第三款配色，使用了从鞋面灰色过渡到鞋底绿色的渐变效果。而鞋后跟的阿迪达斯三道杠标志则为金属银色。鞋身上的其他商标，如脚后跟处的Adidas Performance标志，为绿色。鞋身的灰色上亦有着绿色暗纹，至于鞋底则是完全的绿色。从技术上说，它使用了编织的Agilityknit鞋面以及传统低帮设计。

7大影响人

Seven Effect of Human

从身患顽疾到横扫天下，从稚嫩金童到一代巨星，梅西在人生旅程的每一个节点，都会有一个贵人相助。从恩师里杰卡尔德和瓜迪奥拉、传奇前辈艾马尔，到好友兄弟罗纳尔迪尼奥和哈维，他们都深深地影响了梅西的成长和步伐，梅西在通往世界之巅的道路上因为有他们的出现而变得格外引人注目。通过七个镌刻梅西记忆的英雄人物，领略阿根廷足球巨星的一世芳华。

1 马拉多纳 蓝白王者的传承

在阿根廷，马拉多纳是足球上帝，是所有阿根廷球迷心中的民族英雄。一代球王有着传奇的职业生涯，举手投足间影响了一代又一代的天才少年。

从奥尔特加、贝隆、艾马尔、萨维奥拉、里克尔梅和达利桑德罗，到如今的特维斯和阿圭罗，阿根廷人从未停止过寻找球王接班人的脚步。尽管历史的车轮碾过数十年的岁月，尽管传奇的魅影只有若隐若现，但阿根廷人不曾放弃。直到梅西横空出世，开创了自己的伟大时代，阿根廷人才重新看到了球王转世的光辉到来。

梅西是马拉多纳钦点的接班人，马拉多纳也是在梅西职业生涯中有着重要地位的引路人。和大多数阿根廷球员一样，梅西视迭戈为一生的榜样。虽然他的成功离不开拉玛西亚青训营，离不开悉心培养他的巴塞罗那，但他骨子里流淌着阿根廷足球的血液，传承着蓝白色的光荣传统，这些都是马拉多纳赋予后辈们的伟大使命。

“他是一名无与伦比的球员，看他踢球是一种享受。”马拉多纳对梅西从不吝惜溢美之词，他甚至曾说：“梅西是这个时代的我！”2005年梅西闪耀荷兰世青赛，率领阿根廷最终碰杯，

并荣膺最佳球员。他沿着马拉多纳的足球生涯开始梦幻旅程，他成为马拉多纳之后最成功的阿根廷球员。2006年梅西初登世界杯，在与塞黑队的比赛中首次替补登场，坐在看台上的马拉多纳起立为梅西鼓掌呐喊，仿佛时光穿越，球王重现！梅西打进一球，并最终进入所有球迷们的视野。

如今梅西已经如日中天，曾经为他欢呼为他呐喊的球王已经不再如此疯狂，因为在他看来梅西是独一无二的。面对媒体无休止的对比，马拉多纳坦然表示，“历史会评判一切”。

从复制马拉多纳连过五人和上帝之手，到率领巴萨纵横寰宇，无人可敌，梅西在开创着自己的时代，一个没有“马拉多纳标签”的时代！我们有理由相信，一个无所不能的梅西会率领阿根廷重返世界之巅，去完成球王赋予的使命，并超越传奇……

2 里杰卡尔德 天鹅之翼的呵护

在梅西辉煌的人生路上，有多名导师曾对他悉心教诲，从罗萨里奥到巴塞罗那，梅西从一个生长激素缺乏的足球天才，成长为笑傲群雄的一代巨星，这离不开拉玛西亚青训营科学的训练体系，更离不开给予他足够信任、让他在19岁的年纪就成为巴萨绝对主力的荷兰名帅——里杰卡尔德。

有着“黑天鹅”之称的荷兰足球名宿里杰卡尔德，曾经是叱咤风云的荷兰三剑客之一，球员时代，里杰卡尔德是全能型后腰的代表，他威震意甲，横扫欧洲，辉煌成就无数。

2003年“黑天鹅”接过巴萨帅印，正式成为主帅，并从此达到了个人执教生涯的巅峰。

从2004年到2008年，里杰卡尔德统帅的巴萨取得了两座联赛冠军奖杯和一座欧冠冠军奖杯，他那华丽细腻的球风让人如痴如醉，“黑天鹅”成就了巴萨，成就了罗纳尔迪尼奥，而他也挖掘了一位旷世奇才，那就是后来连续三次蝉联金球奖的阿根廷巨星——里奥·梅西。

2004/2005赛季梅西初次亮相西甲，里杰卡尔德对这位年仅17岁的天才少年呵护有加，他给了梅西足够的信任，让他在巴萨开启了一段辉煌的职业生涯。如今看来，尽管是瓜迪奥拉让梅西功成名就，但在谈及个人生涯的点点滴滴时，梅西却向里杰卡尔德表达了深深的谢意：“在我生命中出现的所有巴萨人，都扮演着非常重要的角色。我要特别感谢里杰卡尔德，他给了我完全的信任，他给了我升入一队并渐渐变强的机会。”

里杰卡尔德带领下的巴萨被人称为“梦二队”，那是小罗风华绝伦的年代，那是埃托奥猎豹狂奔的岁月，但如今看来，梅西当年的横空出世更让人感慨，是那个华丽的时代造就了这位旷世的奇才。梅西在2006年欧冠半决赛对切尔西的比赛中表现抢眼，并一举奠定了自己在巴萨队中未来领袖的地位，2008年小罗离开巴萨，而里杰卡尔德也因为战绩不佳黯然下课。而梅西则接过10号球衣，开始了作为巴萨领袖的一段辉煌历程。

3 小罗

亦师亦友的天才之交

如果没有罗纳尔迪尼奥，梅西能有今天的成就吗？当巴西人迈着桑巴舞步，率领巴萨逐鹿欧洲，打造盛极一时的“梦二队”时，梅西才只是一个刚过弱冠之龄的足球天才。有人说，梅西只是巴萨“梦二队”最美丽的休止符，因为正是伴随着他的横空出世，“梦二队”画上了一个唯美的句号！和小罗并肩作战四个赛季，梅西从巴西天王身上学到了太多东西，两人私交甚笃，建立了深厚的友谊。

初出茅庐的梅西天赋异禀，和年轻时的小罗极为相似，两人球感出众，脚法细腻，都对盘带有着极度的狂热。不过，梅西显然比小罗更幸运，因为他在自己的金色年华里有这样一个给他建议、伴他成长的巨星搭档。2004年，当时的小罗是巴萨的绝对核心，如日中天，但在场上他却无私地给梅西创造机会，阿根廷人生涯的首粒入球，就是拜小罗绝妙的挑传助攻。而这样的场面，在此后的四年里屡见不鲜。

在我们的记忆世界里，阿根廷和巴西是南美足球的宿敌，从古至今，从场内到场外，恩怨情仇无处不在，巴西是足球王国，荣耀万千，辉煌壮阔；阿根廷是探戈之乡，激情四溢，不拘一格。巴西足球有贝利，星光璀璨，日月生辉；阿根廷有马拉多纳，热情似火，天才无数。几十年来，巴西与阿根廷就是站在足球世界的对立面，互不相让。然而，就是在这种宿敌恩怨的衬托下，梅西和小罗的友情才显得难能可贵，两人无论在场上还是在场下，都亲密无间，是真情流露的一对挚友兄弟。

“梅西是我的好朋友，我跟他一起总是很快乐，我们之间配合很有感觉，他总是支持我。他是我永远的小弟，从第一天看到他，我就知道他将创造历史。”小罗在谈及梅西的时候，眼神里总是闪烁着光芒。而梅西则不止一次地在媒体面前表示出自己对小罗的感激和爱慕，即便功成名就，笑傲群雄，他依然谦卑地对小罗感激不已。

“在我刚进入一线队的时候，信心并不是很足，但罗纳尔迪尼奥总是给予我鼓励，他一直在帮助我尽快融入球队。”梅西回忆说，“每次训练结束后他都会纠正我的一些错误，或是告诉我一些小窍门。当然，最重要的帮助还是在精神上，是他让我相信自己能够在这个团队中找到属于自己的位置。”在梅西眼中，帮助他迅速踏入星光大道的小罗是个真正的老师，而当年在小罗26岁生日来临的时候，梅西通过媒体向小罗表示：“感谢你，我的老师。”

4 瓜迪奥拉
情同父子的将帅

“我对瓜迪奥拉在我职业生涯以及个人成长过程中给我的诸多帮助表示衷心感谢。因为内心感受到的情感，我选择不参加佩普的新闻发布会，以远离媒体，因为我知道媒体会寻找球员的悲伤表情，基于这一点，我决定不参加新闻发布会。”——梅西。

2012 年 4 月 28 日，带领巴萨完成六冠王伟业，三年内勇夺十三座冠军锦标的巴萨主帅瓜迪奥拉宣布，在赛季结束后辞去主教练一职。作为瓜迪奥拉时代最耀眼的明星，当今世界第一球星梅西没有出现在其发布会现场，而是通过 FACEBOOK 的个人页面表达了自己对瓜帅离去的不舍。

很显然，从梅西的话语中我们不难看出，他对于瓜迪奥拉的离任感到十分的悲伤和不舍，2008 年夏天，将梅西从二线队一手提拔到一线队的荷兰名帅里杰卡尔德引咎辞职，昔日的诺坎普国王瓜迪奥拉接手巴塞罗那。从那一刻起，梅西的命运便发生了转折，他穿上巴萨的 10 号球衣，正式成为这支球队的核心球员，瓜迪奥拉上任后便给予了梅西足够的信任，一切战术围绕阿根廷巨星展开。经过一个赛季的磨合和锤炼，巴萨在 2009 年达到了俱乐部历史的巅峰，他们完成了六冠王伟业。

梅西凭借个人优异的表现荣膺金球奖和世界足球先生，正式开启了自己的时代，从 2009 到 2011 三年里，梅西完成金球奖三连霸，并率领巴萨完成西甲三连冠，两夺欧冠锦标，大大小小的冠军拿到了 13 个，前所未有的盛世场面。然而，在这一切辉煌的背后，瓜迪奥拉默默地付出和支持才是梅西源源不断攫取荣誉的基础，佩普深爱梅西，为此他不惜得罪埃托奥和伊布，并在战术上冷落。有人说瓜迪奥拉和梅西乃天作之合，是将帅合一的典范，我想这并不足以诠释二人合作四年所取得的一切。

瓜迪奥拉的父亲瓦伦丁在接受阿根廷媒体采访时表示：“对瓜迪奥拉来说，梅西就像他的儿子。对梅西来说，瓜迪奥拉就是他的另一个父亲。”正是这种超越了师徒情谊的亲密感情才使得梅西对于瓜迪奥拉的离去深感悲痛，梅西能有今天的成就，离不开瓜迪奥拉孜孜不倦的培养和信任，在他辉煌职业生涯的旅程中，瓜迪奥拉有着极为重要的位置，无人可以替代。

5 哈维
珠联璧合的拍档

“没有我们的队友，哈维和我不会来到这里。他和所有队友都是关键。他们让我得以发挥出自身的风格，我们都互相帮助。我们知道只要继续这样，就能赢得荣誉。拥有这些队友，是我成功的基石。”这是梅西完成金球奖三连霸后，在接受记者采访时说的话。在无上荣誉面前，梅西并没有表现出那种居高临下的优越感，而是对巴萨队友，尤其是哈维心存感激。

哈维对于梅西究竟有多重要，从俱乐部和国家队截然相反的表现中就能看出来，没有哈维的阿根廷国家队是一盘散沙，而拥有哈维的巴萨则是宇宙之师。所有的巴萨球迷都明白，梅西是巴萨的绝对领袖，然而哈维则是这支王者之师最不可或缺的中场核心，是哈维坐镇中场，凭借其高超的球商，审时度势，衔接中后场，为前场的锋线三叉戟送出致命传球，或直塞，或斜长传，或策动，或传中。总之，有哈维在，就有进球机会在，而这些都为梅西最后画龙点睛做足了铺垫。

克鲁伊夫推崇全攻全守的足球风格，给巴塞罗那灌输了艺术足球的血液。瓜迪奥拉作为昔日的诺坎普国王，他深谙此道，在他的战术体系里，哈维在中场拥有高度的控球自由权，他的每一脚触球都会暗藏杀机。

在球场上，哈维总是镇定自若，冷静异常，他的战术作用无法用直观的进球数据得以体现。有人说哈维是金球奖背后的无冕之王。不过，哈维从来没有怨言，也许是拉玛西亚青训营的磨砺，让这位世界足坛过去十年最成功的中场大师心无旁骛。

“我面对的是一位将成为足球历史最佳的球员。他仍然年轻，但他准备打破所有纪录，我向他学习了很多，就像其他我曾在巴萨共事的伟大球员。感谢他们，我得以成长，特别感谢梅西。”哈维低调、谦逊、内敛，这是大师的胸怀，是伟大的格调。他和梅西惺惺相惜，共同引领了这个辉煌的红蓝时代。

6 艾马尔
致敬偶像

谁是梅西的第一个偶像？那可不是马拉多纳。“我第一个真正钦佩的球员是艾马尔。”梅西说道，“我欣赏过很多球员，对于其中大多数人我的记忆已经不深刻了，但我对艾马尔印象非常深，他是第一个进入我脑海中的人。”

2014 年 FIFA 金球奖颁奖典礼上，看着 C 罗获奖的梅西似乎心情不佳，但当大屏幕上艾马尔的画面出现时，梅西瞬间舒展了眉头。艾马尔在视频中对梅西说：“你是否依然对足球有着儿时的热忱？给你个大大的拥抱，祝你一切顺利！”再看“梅球王”，他的笑颜就像一个孩子，那一刻他仿佛就是罗萨里奥街头的野球少年。

2015 年 7 月 15 日，现年 35 岁的阿根廷球星艾马尔正式宣布挂靴。在得知心中偶像的退役决定后，梅西特地在 FACEBOOK 上留言，他说：“艾马尔，一位伟大的球员，也是我崇拜的偶像之一，刚刚决定退役。我祝愿你在人生的下一阶段一切顺利，感谢你让我们享受到你的足球魔力。”

7 MSN
最恐怖的三叉戟

过去人们谈论巴萨，总是会提到哈维与伊涅斯塔的中场“双子星”，正是他们在中场的运筹帷幄，联手开创了上一个属于巴萨的全盛时代。

随着哈维的老去，巴萨在开始改朝换代。从过去的“双子星”时代进入到了如今的“MSN”时代。梅西、苏亚雷斯和内马尔，这三名巨星都具备超凡的控球突破能力和一流的视野，同时又拥有一击必杀的本能。难能可贵的是，他们之间的互助是完全无私的。这也造就了他们三人 2014/2015 赛季在各条战线上合力为球队贡献了 122 球（欧冠 27 球）的亮眼成绩。

“MSN”堪称史上最强三叉戟，他们合体的第一个赛季就帮助巴萨赢得西甲、国王杯冠军和欧冠联赛的三冠王霸业。三人场上能互相助攻，形成美妙的化学反应。

2016/2017 赛季，MSN 继续持续着超强的火力，三人共打进 111 球，其中西甲 79 球、欧冠 18 球、国王杯和西班牙超级杯 14 球。